世の中の最適解を
共に考える

Public Relations

「問い」を立てる力

社会デザイン発想で
共創する
新しい「あたりまえ」

著
樽林佐和子
林 直樹
株式会社オズマピーアール

Discover BP
ディスカヴァー ビジネスパブリッシング

まえがき

パブリック・リレーションズの視点から、「最適解」を見つけていこう

本書を手に取った皆さんは、こんな悩みを抱えていませんか？

- 自社の商品やサービスが、以前のように売れなくなってきた。生活者を惹きつけるにはどうすればいいのだろうか？
- 生活者のニーズや価値観が多様化して、どうアプローチすればよいかわからない
- 世の中に伝えたいメッセージがあるが、どうすれば多くの人に伝えられるだろうか？
- 複数の部署や外部の方が参加するプロジェクトを始めたが、関係者の利害が対立して先に進まない
- 社会課題の解決に向けた自社の取り組みを、たくさんの人に知ってもらいたい

少しでも心当たりがある方には、「ＰＲ」の考え方が解決の一助となるかもしれません。

さまざまなビジネス課題を解決するＰＲ

「なぜＰＲが役立つんだろう？」と疑問を持った方もいらっしゃるでしょう。

ＰＲというと、宣伝、広告、広報、自己ＰＲなどをイメージされる方が多いのではないでしょうか。就職活動の際に自己ＰＲという言葉はよく使いますし、ＰＲという語呂が似ているから、「ＰＲ＝アピール」と捉えている方もいらっしゃるかもしれません。

実は、それは大きな誤解なのです。

ＰＲとは「パブリック・リレーションズ（Public Relations）」の略であり、社会との関係づくりを意味する言葉です。

皆さんの会社には、さまざまな関係者がいます。顧客、取引先、自社の従業員、株主、金融機関、行政機関、ＮＰＯ法人、地域社会……あらゆる関係者が思い浮かぶと思います。こうした関係者をステークホルダー（利害関係者）と呼びます。自分の組織とステークホルダーとの間で良好な関係を築くにはどうすればよいのか、という考え方こそが、パブリック・リレーションズの本質なのです。

詳しくは第1章で解説しますが、パブリック・リレーションズという言葉は本書の中核となっていますので、ぜひ頭の片隅に入れておいてくださいね。

私たちPR会社の仕事は、クライアントのビジネス課題を、PRを通じて解決していくことですが、その活動の根幹は、まさにパブリック・リレーションズそのものだといっても過言ではありません。**クライアントの課題を、社会との関係づくりという観点で解きほぐし、ステークホルダーを巻き込み、共創し、そして新たな関係性を取り結ぶのが、私たちの仕事です。**

「え？　PR会社って、ニュースリリースを書いたり、メディアに取材してもらうように働きかけたりするような、企業の広報活動をサポートする会社じゃなかった？」と思われた方もいらっしゃるかもしれません。

確かにそれらも私たちの大切な業務です。でも、それだけではありません。むしろ最も得意とする業務は、先にも申し上げた「パブリック・リレーションズ」活動なのです。では、それは具体的にどんなことなのでしょうか。私たちが取り組んできたプロジェクトの一部をご紹介しましょう。

▪ 製薬会社から、「潜在的には多くいるはずの、ある症状に悩む患者さんが医療機関をなかなか受診しなかったり治療を中断したりしてしまう。受診を促し適切な治療を受けていただくにはどうすればいいいか」との依頼を受けた。私たちは患者さんと医師の間のコミュニケーションに課題があると考え、改善施策を打ち出し、受診のきっかけづくりに貢献した。

▪ 団地を運営する住宅供給公社が、住民の高齢化や入居者の減少が進む団地を再生する取り組みを進めていた。私たちは広報戦略や活動をサポートし、入居者、特に若い人の増加につなげた。

▪ 大量の古材が出る造船会社から「この古材を再活用することで社会に貢献できないだろ

うか」と相談を受けた。地元の企業とタッグを組んで、古材を使った家具ブランドを立ち上げ、多くのメディアに取り上げてもらった。

- 人口減少に悩む地方自治体の「中長期的に移住希望者を増やしていきたい」という要望に応えるため、移住検討者と地域住民が同じ場に集まるオンラインサロンを開設し、多くの移住希望者に活用してもらった。

「こんなことまでやっているの？」と意外に思われたかもしれませんね。私たちは、まさにさまざまなステークホルダーと共創して、数多くの課題解決に取り組んでいるのです。実際に私たちが取り組んだプロジェクトについては、本書の第4章から第7章にかけて詳しく解説します。

「正解のない時代」の到来

近年、こういったPR活動が大きな注目を集めるようになりました。なぜかというと、今、世の中に2つの変化が起こっているからだと思います。

1つは、正解のない時代の到来。あらゆる課題を解決しようとするとき、過去の正解が通用しない世の中になってきています。

今まで当たり前だと思っていたことが、ある日突然、大きなインパクトによって変わってしまうことがあります。2008年9月のリーマンショック、2011年3月の東日本大震災、2020年から始まった新型コロナウイルスの感染拡大、そして2022年2月に勃発したロシアによるウクライナ侵攻など、直近の過去15年間を振り返ってみると、それ以前には考えられなかった、社会が大きく変わるような出来事がたびたび起きるようになりました。

さらには、日々進歩するテクノロジーによって、私たちの生活も激しく変わりつつあります。スマートフォン、AI（人工知能）、IoT（モノのインターネット）、ロボティクス、ドローン、3Dプリンタ、VR（仮想現実）をはじめとしたXRなど、すでに身の回りに普及しているものから、将来は無人運転、遠隔医療、量子コンピューターなどの実用化も期待されています。

当然のことながら、こういった変化に伴い、生活者のニーズ、価値観、ライフスタイルも大きく変わりつつあります。もちろん企業はこれらの変化に対応せざるを得ません。

これまでは、正解にどれだけ早くたどり着けるかが求められた時代でした。特に高度経済成長時代では商品を大量生産すればするほど大量消費につながっていました。まさに、作れば何でも売れていた時代だったのです。言い換えると、「大量に生産して売る」という正解がはっきりしていたから、企業はそれに向かって突き進みさえすればよかったとも言えます。

ところが市場が成熟してくると、生活者は、質の高さや、ほかにはない価値を重視するようになってきます。商品そのものが差別性を持つことの重要性はもちろん、その商品が生活者にどのような価値をもたらすかが重視される時代になりました。

そして2000年代に入り、特に直近の15年においては、企業にとって、**過去の正解が今の正解ではなくなり、そのつど答えを見つけなければならない時代に突入している**と言うことができるでしょう。

もう1つの変化は、かつては自社の利益やシェア拡大が優先されていたのが、今では、企

業として社会課題に取り組むことが本格的に求められるようになったことです。

皆さんも、「SDGs（持続可能な開発目標）」や「ESG（環境・社会・ガバナンス）」などの言葉を耳にしたことがあると思います。世界各国の中央政府、自治体、企業が社会課題に取り組もうとしているわけですから、どの組織もこの潮流を無視することはできません。特に企業の場合、社会に貢献する姿勢を示さなければ、投資家からの評価も損なわれてしまいます。

同時に、生活者の中でも、社会課題に対する取り組みへの関心が高まってきています。

例えば、皆さんの目の前に、ほぼ同じ価格、同じような形、同じような質のテーブルが2つ販売されていたとします。環境対策のストーリーがイメージできるA社の商品と、あまりイメージできないB社の商品、どちらを購入するでしょうか？

多くの人々、特に社会課題に対する関心が高い若い人たちは、A社の商品を選ぶのではないでしょうか。環境に対して意識の高い人であれば、多少値段が高くてもA社の商品を選ぶかもしれません。

これは、環境問題という社会課題が世間に十分に共有されているがゆえに、消費行動にも影響が出ているということです。詳しくは第2章でデータと照らし合わせながらお話ししますが、もはや組織の活動は、社会課題とは切り離せなくなってきているのです。

ただし、社会貢献ばかりを意識して、自社やクライアントの利益や顧客満足を二の次にしていては、経営が立ち行かなくなってしまいます。

事業活動と社会課題解決を同時に続けていくことはこれからますます必要となりますが、そのためには自社だけでなく、社会を含めたステークホルダーすべての利益を追求していかなければなりません。これからはいよいよ、**今までより高次元での経営や運営が求められる時代**に入っていくのです。

以上の変化を踏まえて、一言でまとめるならば、**みんなが納得する「新しい正解」を探す時代が到来した、**と言えるのではないでしょうか。

「全員がメリットを感じるような正解を探すなんて、難しいんじゃないの?」「言うのは簡単だけど、実際やろうとすると成果は出せないのでは?」と思われるかもしれません。確かに難しい。一筋縄ではいきませんし、根気強く取り組む必要があります。

でも、安心してください。正解のない答え探しのプロセスは、とても楽しいものですから!

社会課題の解決とPR会社

正解がない時代に社会課題解決に取り組んでいくためには、自社、クライアント、そして社会が共に新しい価値を生み出す**「共創力」**が必要となります。さまざまなステークホルダーと双方向で良好な関係性を構築しながら答えを創り出すわけですから、まさにPRの考え方が重要になります。

実は、**社会課題の解決とPR会社の仕事の考え方は、非常に親和性が高い**のです。

PR会社はもともと、マスメディアに「報じる価値」がある情報を提供することを生業としていました。そのためにはクライアントの言いたいことだけではなく、社会性・公益性の視点で情報を再編集しなくてはなりません。クライアントとステークホルダー、そして社会との関係構築をサポートすることが、自然と私たちPR会社の業務の根幹になっていたからです。

こうした中で、先にも触れたように社会課題の解決が注目されるようになった今、私たちへの相談が非常に増えています。ビジネス誌でも、「PR活動」「PR戦略」などが特集されるようになり、多くの人がＰＲの必要性を感じ始めています。

では、ステークホルダー全員が納得する状態と、その状態を創り出す「最適解」をどのように導き出せばよいのでしょうか？

それは私たちが実際にプロジェクトを進める中で考えていることでもあります。その中で私たちが常日頃使っている考え方を、このたび**「社会デザイン発想」**というフレームにまとめました。

これを一言でいうと、**「組織・ブランドのメリット」と「社会の多くの人の共感」が両立する「最適解」をステークホルダーとともに共創し、世の中に浸透させる考え方**です。広告でも広報でもなく、ＰＲの考え方を応用した、社会課題の最適解を創り出すフレームとも言えます。具体的なフレームについては第3章で解説します。

みんなで社会を創りあげるフレーム

「社会デザイン発想」という言葉を聞くと、発想者側が社会をデザインして創りあげていくという印象を与えてしまうかもしれませんが、それは少し違います。こちらの思い通りに社会を導こうという傲慢な考え方では決してありません。

変化し続ける社会の中で起こる問題から本質的な問いを見い出し、多くの人たちと共通のゴールを持ち、最適解をデザインする。そういった一連の取り組みが、社会をよりよく進化させていく一助となればという想いから、「社会デザイン発想」と名づけました。

私たちは、当事者の人たちのほか、サイレントマジョリティ、サイレントマイノリティも含めて、人々の声によく耳を傾けることをとても大切にしています。

社会デザイン発想は、「さまざまな人に集まってもらったり、私たちの発信する情報を受け取っていただくためには、どのようなゴールを設定し、関わっていける仕組みをつくればよいのか」が起点となっているからです。

こちらが他者をコントロールするのではなく、同じ立場に立ってみんながありたい姿や最適解を考え、共創していくことがポイントです。

共創に必要な共感は「エンパシー」

共創の前には、何らかの共感が必要です。ある情報に触れて、「いいね！」と感じたり、「わかるわかる」とうなずいたりという共感がないと、共創の一歩は踏み出せません。

この共感をもう少し細かく分解すると、シンパシーとエンパシーの2種類があります。シンパシーとは思いやりや同情などのニュアンスがあり、自分の立場から他者の痛みや悩み、悲しみを気にかけることです。一方でエンパシーとは、相手の立場になって相手の意思や感情を共有すること。自分とは異なる価値観や考え方を持つ他人に自己を投影し、相手が何を考えているのか、どう感じているのかを想像することです。

シンパシーは、他者の気持ちに寄り添って感情的に疑似体験するところがありますが、エンパシーは、完全に他者と同調するわけではなく、少し距離を置いて自分と異なる価値観を持つ人たちの考えを理性的に理解しようと想像する力のことです。

私たちがプロジェクトを進める際にさまざまな人たちを巻き込むときは、共通のゴールを掲げてエンパシーを集めようとします。多様な価値観が尊重される世の中になった今、社会デザイン発想が求めているのは、理性的に他者を理解し、受容することです。**「あなたの立場はわかる。でも、私たちの立場もある」という中で共創する仕組みを設計する**ことが大切だと考えています。

「こういう人がいたらかわいそうだから、みんなで協力して解決しましょう」というだけでなく、立場や思いが異なる人たちがいても「これは必要なことだ」と思っていただけるように、感情と理論の両方を兼ね備えた「大義（共通のゴール）」を掲げて、「共創」を生み出していく。私たちは、そういうアプローチを目指しています。

ここから課題解決のヒントを見つけてほしい

パブリック・リレーションズの考え方が重視される時代が到来し、これまでの私たちの経験やスキルが、多くの人の役に立つかもしれない。それによって、よりよい社会づくりの一端を担えるかもしれない――。このような気持ちから、私たちは本書の執筆を思いつきました。ただし、単純にフレームや理論を述べただけでは意味がありません。皆さんが手掛けるプロジェクトに生かせるような内容にするべく、試行錯誤しながら書き上げています。

本書では、まず第1章でPRの本質をじっくりと説明します。パブリック・リレーションズの歴史を紐解きながら、どのようにパブリック・リレーションズが進化・変容していったかを解説します。

第2章では、なぜ今、パブリック・リレーションズの考え方が重要になってきたのか、自社のみならず、ステークホルダーや社会も含めた「三方よし」の最適解を見つけるためのポイントをまとめました。

第3章では、ステークホルダーと共に最適解を探し出し、着実に結果を生み出すフレーム「社会デザイン発想」について解説します。私たちは、このフレームを基準にしてプロジェクトに取り組んでいます。まさに共創における実践的な考え方です。

そして、この社会デザイン発想を使って実際に取り組んだプロジェクトの事例を、第4章から第7章にかけてご紹介します。クライアントの要望のみならず、自社や社会にとっても最適解となる施策を考え、ステークホルダーと共に取り組み、しっかりと成果を出すことができた事例です。

最後に第8章では、私たちが本書で最も伝えたい「正解のない答え探しをする楽しさ」についてお話しします。

なお、本書の第2章、第3章、第4章、第7章は榑林が、まえがき、第1章、第5章、第6章は林が、第8章は榑林と林の二人が、それぞれ執筆を担当しました。

それでは皆さん、次のページをめくって、楽しく、新しい、「答え探しの旅」に出かけましょう！

著者記す

世の中の最適解を共に考える「問い」を立てる力 目次

第2章 なぜ、パブリック・リレーションズがいま注目されているのか

第5章

住民との共創で団地の課題を解決
茶山台団地再生プロジェクト

第6章

古材の再活用で循環型地域社会への貢献

瀬戸内造船家具

第7章

地方都市の移動人口を拡大
リモート市役所

第8章

社会デザイン発想とパブリック・リレーションズ

第1章

「PR」という言葉の誤解

パブリック・リレーションズとは

そもそもＰＲとは何か？

皆さんは「ＰＲ」という言葉から、どんなことを思い浮かべるでしょうか。

実際に私たちがさまざまな人に質問してみると、宣伝、広告、広報、パブリシティ、就職活動のときの自己ＰＲ……という答えが返ってきます。要するに、組織や個人が社会に向けて自身の考え方や商品・サービスの魅力などを伝えること、と捉えている方が多いようです。

実は、これには誤解があります。正しくは、

PR = Public Relations（パブリック・リレーションズ）

「パブリック（公衆）」との「リレーションズ（関係性）」すなわち、**「企業などの組織体が、社会との良好な関係性を構築し、維持すること」**を意味しているのです。

さらにこの言葉をよく見てください。Public Relation「s」と複数形になっていることに気がつきます。些細なことですが、ここにも重要な意味が含まれているのです。

例えば、皆さんの会社を取り巻くさまざまな人たちとの関係を考えてみましょう。図1を見てください。自社（企業・団体）を中心に置くと、社員や会員、グループ会社などが隣接しています。当然ですが、彼らは自社にとって身内のような存在であり、最も身近な関係者です。さらにその外側には、顧客、メディア、消費者団体、地域社会、取引先企業、株主、投資家、官公庁、あるいは就職希望者などの関係者がいます。こうした関係者をステークホルダー（利害関係者）と呼びますが、皆さんの会社は、実に多くのステークホルダーとつながっているのです。

この図をもう少しよく見てみると、矢印が双方向に向いていますね。**それぞれの関係性は、自社とステークホルダーが共に創りあげていかなければならない**ことを意味しています。

自社は、相手に対して一方的に何かを伝えるのではありません。ステークホルダーの声に耳を傾けながらコミュニケーションをとり、双方にとってベストな方針を探っていかなければ、良好な関係性を構築することはできないのです。

図1　ステークホルダーとのリレーションズ

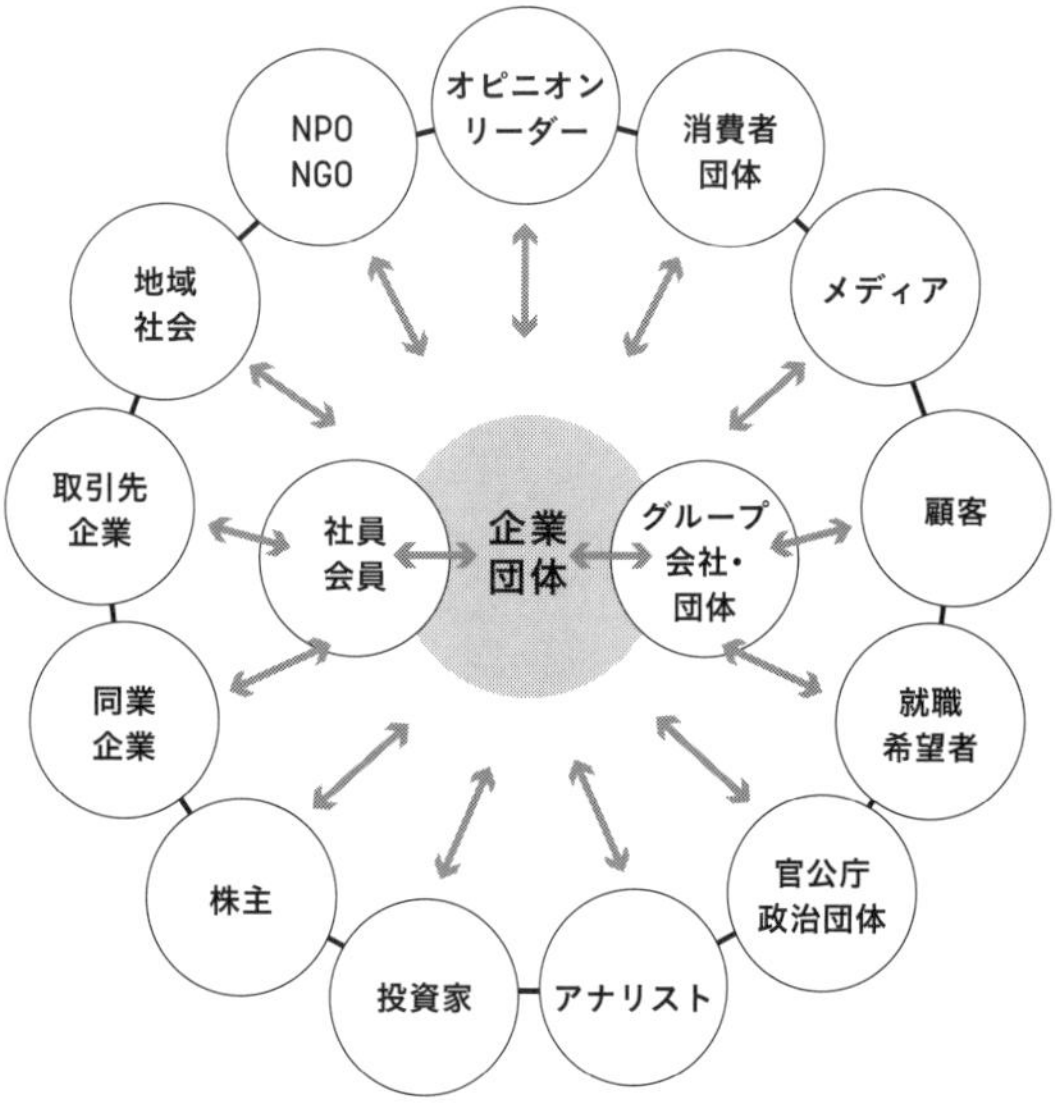

ステークホルダー＝利害関係者

図2　パブリック・リレーションズは「関係性の花束」

さまざまなステークホルダーと良好な関係性を創るパブリック・リレーションズは、いろいろな種類の花を束ねる花束のようなもの

言葉で言ってしまうのは簡単ですが、これは非常に根気がいる取り組みです。綿密な対話が必要であり、場合によっては長い時間を要することもあります。この具体的な手法や事例は後の章で詳しく解説しますので、ここでは**「パブリック・リレーションズとは、さまざまなステークホルダーとの良好な関係性を創ること」**というポイントだけを覚えておいてもらえればと思います。

また図2のイラストをご覧ください。企業とステークホルダーの関係性はまるで花束のようにも見えることから、パブリック・リレーションズをいろいろな種類の花を1つの花束に束ねる**「関係性の花束」**と捉えていただけるとイメージしやすいかもしれません。

皆さんは今まで、この「パブリック・リレーションズ」という言葉を耳にしたことはあったでしょうか？　企業で広報などの業務に従事している方やメディア関係の方でもなければ、多くの人はおそらくあまり聞いたことがないと思います。実際、特に日本では、馴染みのない言葉です。

一方で、その略語である「ＰＲ」という言葉はよく使われています。冒頭でも触れましたが、ＰＲと聞いてイメージされやすいのは、就職活動のときの自己ＰＲ、商品やサービスの売り込み、広報、宣伝、広告などです。本来の「組織体が社会とのよりよい関係性を構築し、維持する」という意味とは大きくかけ離れていますよね。

では、「ＰＲ＝パブリック・リレーションズ」という言葉はなぜ、多くの人に誤解されているのでしょうか。

それは、日本語にはパブリック・リレーションズという言葉に適切な訳語がなく、誰にでもわかりやすい定義化が難しかったからです。日本語では「広報」「広聴」と訳されることが多く、「広く報せる」「広く聴く」という意味で使われています。しかし、これは本来のパブリック・リレーションズの意味とイコールではありません。また実務の世界でもパブリシティという言葉と混同されて使われています。専門家の間では「合意形成」という言葉も使われますが、一般の人にはわかりにくい言葉ではないでしょうか。

こうして日本では定義が曖昧なままに、広報、宣伝、広告、パブリシティなどの言葉と混同されて使用されてきました。適切な日本語訳が作られなかったことが、PRという言葉の解釈に幅を持たせ、曖昧さを生み出す原因となってしまったのです。その結果、今もパブリック・リレーションズの概念が日本の社会に定着していないことは、非常に残念なことだと思います。

パブリック・リレーションズの胎動

パブリック・リレーションズの原型が組成されたのは、アメリカ合衆国です。

ご存じのように、アメリカは移民の国です。極めて広大な国土にさまざまな民族、人種の人たちが暮らしていて、さらには各州が独立しています。民族ごと、人種ごと、州ごとに多様な立場があり、多様な声が上がる中で、建国以来、政府は国民の合意形成をしなければならない環境にありました。そのうえ、アメリカは民主主義を原則としていますから、世論をどう受け止めて、どのような政策を打ち出していくかが重要でした。

こういった背景から、アメリカは日本よりもはるかに前からパブリック・リレーションズの技術を必要としていたのです。

パブリック・リレーションズという言葉を初めて使用したのは独立宣言を起草したアメリカの第3代大統領のトーマス・ジェファーソンと言われています。

1890年代、アメリカでは新聞の発行部数が急速に伸び、新聞による報道が大衆に大きな影響を与える時代がやってきました。紙面では企業経営者や資本家たちの暴露記事も報じられ、当然のことながら世間からは批判の声が上がり、彼らは対応に追われることになります。

それまでの企業経営者や資本家たちは、メディアや大衆の意見をほとんど気にしていませんでした。自分たちにとって都合の悪い記事が出ても、反論したり無視したりして、対策を講じることはなかったのです。

ところが大衆の批判の声が強まってくると、その元となる情報を発信しているメディアと向き合わざるを得なくなります。企業経営者たちの一部は、「メディアをはじめとしたステークホルダーときちんとコミュニケーションをとって、信頼関係を築いていかなければならない」と考えるようになりました。

こうして双方向のコミュニケーション・マネジメント手法を実践できる理論とプロフェッショナルが求められるようになったのです。

この時期、後に「パブリック・リレーションズの父」と呼ばれるアイビー・リー氏の働きが注目を集めました。もともと新聞記者出身で1904年にアメリカで設立3社目になるPR会社を立ち上げた人物です。

アイビー・リー　©Getty Images

きっかけとなったのは、1906年に発生したペンシルベニア鉄道事故でした。当時の経営者たちは、事件や事故が発生しても隠ぺいして、メディアや大衆を無視することがあたりまえでした。しかし、リー氏は鉄道会社のコンサルタントとして、「ネガティブな事故が起こっても、正直に、オープンにして、相手と向き合うべきだ」と主張し、経営者らにメディアや社会と協調することを促したのです。

彼は記者たちを実際の事故現場に連れて行き、事故の経緯を詳しく説明しました。このときに作成した報告書が、世界初のプレスリリースではないかと言われています。

「関係性の構築には、事実が重要だ。うそをつかず、事実を正直に話さなければならない」リー氏の理念や手法をまとめた著書『原則の宣言』は、パブリック・リレーションズの発展に大きな影響を与えました。

戦争によるパブリック・リレーションズの発達

飛行機やインターネットなど戦争によって発達した技術は多いですが、パブリック・リレーションズの技術を大きく発展させたのも、戦争だと言われています。

1914年、第一次世界大戦が勃発。戦いは多くの国々を巻き込み、ヨーロッパ全域に広がっていきました。一方、アメリカはもともとモンロー主義（アメリカはヨーロッパ諸国に干渉しないが、アメリカ大陸全域に対するヨーロッパ諸国の干渉にも反対するという考え方）を掲げており戦争には介入しない立場をとっていました。

ところが1917年、ついにアメリカも戦いに巻き込まれます。ドイツの攻撃によってアメリカの船が沈没し、参戦せざるを得なくなったのです。

ウッドロウ・ウィルソン米大統領（当時）は、国民に対して「アメリカも参戦する」という合意形成を図らねばならなくなりました。先にも触れましたが、アメリカ国民は移民、異民族、異人種など多様な人々によって構成されていますから、合意形成は一筋縄ではいきません。

そこでウィルソン大統領は何をしたのでしょうか。

まず「パブリック・インフォメーション委員会、委員長の名前をとって通称クリール委員会と呼ばれる組織を立ちあげました。ジャーナリストを中心に、広告、プレスエージェント、デザイナー、イラストレーター、学者など多くの人材を集め、戦争支持の世論をつくりだしたのです。

では、彼らはどのようにして国民を動かしたのでしょう。

「4分間の男たち」ポスター

米軍参加兵の募集ポスター
©Getty Images

例えば、上のポスターを見てください。指をさし、こちらをにらみつける男のイラストの下に「I WANT YOU FOR U.S. ARMY（アメリカ陸軍に君が必要だ）」というキャプションが載っているポスターです。

これは、アメリカ軍に参加する兵を募集するために作られたもので、第一次世界大戦の間に約400万枚以上印刷されました。見ていただくとわかるように、イラストの人物からは威圧的かつ攻撃的な印象を受けます。これは戦うことに後ろ向きである国民に対して、恥を感じる気持ちや自責の念を呼び起こすのに非常に効果的だったと言われています。

もう1つ、「4 MINUTE MEN（4分間の男たち）」という大きな文字が目立つポスターがあります。当時、国民からは「なぜ、アメリカが戦争をしなければならないのか」「なぜ、戦費を賄うための国債を買わないといけないのか」「なぜ、兵役に協力しなくてはならないのか」という疑問や反発の声が上がっていました。そんな不信感を払拭するために、クリール委員会のメンバーが映画館、学校、教会など人々が集まる場所で直接国民の前に出向いて、4分間で戦争の必要性を演説していたのです。

これらはクリール委員会の取り組みの一部ですが、彼らの活動は着実に国民の心を動かしていき、第一次世界大戦参戦を肯定する国民の合意形成に大きく貢献したと言われています。

その後、クリール委員会からは、PRをはじめ、広告、デザイン、マスメディアなどのコミュニケーションに関わるさまざまな業界に多くの優秀な人材を輩出しました。「関係性の構築のために、事実を正直に」という倫理観に基づいた理念で生まれたパブリック・リレーションズが、国や民族間の関係性の最悪な姿とも言える戦争によってその技術を発達させたのは、実に皮肉なものだと感じますね。

大衆心理を調査、分析し、さらなる進化を遂げる

時代の流れと共に重要性が増していくパブリック・リレーションズは、さらなる進化を遂げていきます。

心理学者ジークムント・フロイトの甥であるエドワード・バーネイズ氏は、心理学の大衆心理の操作理論を応用してパブリック・リレーションズの技術を高めた人物です。クリール委員会のメンバーでもあったバーネイズ氏は1995年に103歳でその生涯を終えるまで実に80年以上にわたってパブリック・リレーションズの世界に大きな影響を与えてきました。

エドワード・バーネイズ
©Getty Images

1920年代、アメリカ国内では紙煙草の売り上げが伸び悩んでいました。第一次世界大戦中は、

たくさんの兵隊たちが戦地で喫煙していたこともあり消費量が拡大していたのですが、終戦後はその反動もあり、めっきり売れなくなってしまったのです。各煙草メーカーは、何とかして紙煙草を売らなければいけないと焦りを見せていました。

そこで目をつけたのが、「女性」でした。人口の半分を占める女性に煙草を吸ってもらえば、消費量を増やすことができると考えたのです。

当時、ある煙草メーカーのプロジェクトに参画していたバーネイズ氏は、煙草を「時代を先取りする、知的で美しい女性」のイメージに重ねようと、いくつかの施策を打ち出しました。まず、イースター(復活祭)のパレードで、女性の参加者たちに煙草を吸いながら行進してもらうイベントを開催しました。この様子を新聞記者に取材してもらい大衆に広めたのです。またファッション雑誌も巻き込み、商品のパッケージに使われていたグリーン・カラーをその年の流行色にしようと、特集を組んでもらいました。これらの取り組みは大成功し、「女性の喫煙はかっこいい」というイメージが浸透していきました。結果、紙煙草の売り上げを大幅に伸ばすことに成功したのです。

バーネイズ氏には非常に多くの実績があるのですが、アメリカの朝食にベーコンと卵を根づかせたというものもあります。ベーコンの拡売の依頼を受けたバーネイズ氏は徹底した調査を行いました。当時のアメリカの朝食はロールパンとオレンジジュースなど質素なものが主流で、実際オートミールなども多かったそうです。

バーネイズ氏は5000人の医師にアンケート調査を行い、その結果4500人の医師より「軽い朝食よりもより重い栄養価の高い朝食のほうが健康に良い」という回答を得ました。この調査結果をもとに「4500人の医師が栄養価が高い朝食を推奨」という記事を新聞に掲載させることに成功しました。また別の記事では「ベーコンエッグを朝食の中心にすべき」という報道をさせ、その結果、アメリカでベーコンと卵の朝食が広まったと言われています。ベーコンの売り上げが伸びたことは言うまでもありません。調査結果をもとに報道につなげるやり方は現在でもポピュラーな手法ですが、その草分けの1つになったものです。

またニューヨーク大学で初めてのパブリック・リレーションズの講座を開設し、「世論の結晶」という本も出版し、業界全体に大きな功績を残しました。

政治での活用と発展・変容

さらに政治の世界でもパブリック・リレーションズを活用し、進化させた人物が登場します。アメリカ合衆国大統領で唯一４選した大統領でもあるフランクリン・ルーズベルト大統領です。

「暗黒の木曜日」と呼ばれる１９２９年10月24日、ニューヨークのウォール街にある株式取引所で株価が大暴落しました。ところが、当時の大統領ハーバート・フーバーは見通しを甘く見ており、何の対策も講じませんでした。その結果、この金融危機の波は世界中に広がり、大恐慌へと発展していったのです。

フランクリン・ルーズベルト
©Getty Images

投資家たちは株の損失を埋めるために、投資先のあらゆる地域から出資金を引き揚げました。銀行は破綻の危機に瀕し、預金封鎖になることを危惧した利用者たちが窓口に殺到しました。さらに金融の冷え込みは実体経済にまで及びます。景気が急速に悪化し、失業者がどんどん増え、結局、何の手も打たなかったフーバー大統領は、辞任に追い込まれてしまいました。

大混乱したアメリカ経済を何とか回復させなければならないと、国民の支持を集めて就任したのがルーズベルト大統領です。ただ、彼が掲げる経済政策（ニューディール政策）は今までの自由競争経済政策とは異なり、政府が市場に介入するため、産業界からの反対も根強く、打ち出していくには産業界の協力と、何よりも国民からの理解が必要でした。

大きな方針転換に賛成の世論を形成したいルーズベルト大統領が積極的に実施したのがPRです。多くの新聞記者を雇い、政府の政策に国民の理解を求めるべく国民に向けたPR活動に本腰を入れました。報道担当秘書官による会見だけでなく、自分自身が積極的に定例会見を行い、記者を通じて国民に積極的な呼びかけを行いました。当時は新しいメディアであったラジオの影響力に着目し、あたかも家の中の暖炉の前でくつろいで隣人に語りかける話しぶりで国民に直接伝える「炉辺談話」と呼ばれるラジオ番組に出演し、少しずつ国民の理解と支持を得ていきました。

当時、ニューディール政策に反対する産業界の声も大きかったのですが、こういった新たな試みによってルーズベルト大統領の支持率は上昇。ニューディール政策を有効に実施することができたのです。ルーズベルト大統領は自身の政策推進にPRを取り入れたわけですが、このほか選挙や政権運営で今日でも重視される世論調査を活用した初めての大統領とも言われています。

また、政治的な意図に基づいて世論を導く活動は、プロパガンダと呼ばれています。2022年2月のロシアによるウクライナ侵攻によって、プロパガンダという言葉が再び注目を集めています。

ここまで読み進めた皆さんは、「パブリック・リレーションズとプロパガンダは、何が違うのか?」と思うかもしれません。確かに歴史を振り返ると、政治から進化した経緯から、本来のパブリック・リレーションズとは異なる変容をしてきた歴史的側面もあります。プロパガンダという言葉は1622年に海外伝道を目的にローマ法王グレゴリウス15世が設立した、反宗教改革運動のために枢密卿らによって構成された推進組織「布教聖省」(Congregatio de Propaganda Fide)の名称から生まれました。

ただ、本書で述べたいパブリック・リレーションズと、プロパガンダとの違いについては以下のように考えています。

パブリック・リレーションズ＝相互に利益をもたらす双方向のコミュニケーション

プロパガンダ＝主に政治利用に用いられる発信側の利益になるよう発信する、一方通行のコミュニケーション

パブリック・リレーションズは、自分の組織と相手側のどちらにも、そして社会にも利益があり、双方向でコミュニケーションをとりながら信頼関係を構築していくこと。プロパガンダは、一方の利益を満たすために、一方通行のコミュニケーションによって他方の行動を変えていくことです。**パブリック・リレーションズを実現するには、相互利益があるか、双方向のコミュニケーションがあるかということが重要になります。**

社会と友好な関係を築くためのパブリック・リレーションズ

第二次世界大戦終了後、アメリカは国土がほとんど戦場にならなかったこともあり、戦争を起爆剤として空前の好景気になります。

都市をつなぐハイウェイが整備され、郊外に大きな一戸建ての家を構え、テレビやエアコン、冷蔵庫、自動洗濯機などがある豊かな生活をすることが国民にとって大きな憧れと

なります。企業においてはマーケティングが発達し、マスメディア広告によって大量生産・大量消費が促進され、新しい消費文化を形成するようになりました。

一方で1950年代から消費者運動が盛んになり、1962年にケネディ大統領が「消費者保護の原則」を掲げることでコンシューマリズム（消費者主義）として発展していくようになります。また欠陥車の問題を指摘したラルフ・ネーダー氏がコンシューマリズムの旗手として世界中に大きな影響を与えました。

こうした社会の大きな変化の中で企業は消費者や住民の声に積極的に耳を傾け、社会的な責任を遂行する活動を志向するようになり、パブリック・リレーションズは新たな発展を遂げていきます。企業が近隣住民との共生を目指す「企業市民」（コーポレートシチズンシップ）という考え方も広がり、パブリック・リレーションズの活動として社会に情報を正しく伝える企業広報が発展しました。その後、企業の文化貢献、社会貢献活動も重要視されるようになり、それは「メセナ」や「フィランソロピー」という言葉で社会に提唱されるようになっていきます。

こうして企業とステークホルダー、社会との関係を構築するパブリック・リレーションズの考え方は、社会の時折々の変化の中で形を変えながら発展していきます。

日本にパブリック・リレーションズを導入したGHQ

ここから、視点を日本に移しましょう。

日本の企業で初めて広報部（弘報部）を設置したのは南満州鉄道株式会社ですが、パブリック・リレーションズの概念を初めて日本に導入したのは、GHQ（連合国総司令部）だと言われています。1947年、GHQは各都道府県に「パブリック・リレーションズ・オフィス（P.R.O.）を設置せよ」と命じました。（英文ではsuggestion）

マッカーサー
©Getty Images

GHQは民主主義国家を目指す国として、行政機関は国民に向けてこれからどんな政策を打ち出していくのか正確な資料を提供し、その政策について国民自身に判断させ、国民の自由な意志を発表させることに努めなければならないとして、各都道府県、市町村にP.R.O.の設置を通達しました。

戦時中まで日本は国民に厳しい情報統制を敷いていたわけですから、真逆の方針に転換したと言えます。

GHQがなぜP.R.O.を設置したかは諸説ありますが、一説には、戦後の占領政策を円滑に遂行するために国民と行政機関の意思疎通を高め、コミュニケーション不足による政治的なトラブルを回避するためだったと言われています。敗戦時まで徹底的に抗戦してきた日本国民が、終戦後の占領政策に激しく反発することを恐れていたので、行政機関が国民の意見や考え方を知る広聴活動を行い、行政施策を周知徹底させていくための広報活動を推進したという説です。また戦後の世界中における反共政策において日本の民主化は最も重要なものであり、各自治体のP.R.O.を十分に機能させることによって純粋に日本に民主主義を根づかせることを目的にしていたという説もあります。これがもとになり、政府や各都道府県、各市町村では、広報広聴課が設置されていきました。

時を同じくして、企業もパブリック・リレーションズを導入し始めました。主に動いたのは、広告会社の電通、証券業界、日経連（日本経営者団体連盟）です。

電通は戦後まもない1946年に決定した活動方針の1つに「広告、宣伝の構想、企画を拡大するパブリック・リレーションズ（PR）の導入とその普及」を挙げ、その後も日本のパブリック・リレーションズの普及と発展に大きな影響を与えてきました。決定の翌年の1947年に電通の社長に就任した吉田秀雄氏は、当時決して社会的地位が高くなかった広告業の信用と誠実性をつくり、経営の中核に接近し、業務を拡大するために積極的に活動を推進したと言われています。

また戦後の財閥解体により株式保有を一部の富裕層から国民全体に解放することを目的とした証券民主化運動が起こり、企業の実態をより株主に正確に伝える方法としてパブリック・リレーションズに注目した証券業界によっても普及が進められました。

そして戦後GHQは企業に労働組合を設立することを推進した時期もあり、その結果、日本企業で労働組合が多数結成され、労働争議も頻発するようになります。経営者側は主にその対応のために日本経営者団体連盟を創設しますが、その経営視察団がアメリカを視察した際に従業員との良好な関係を構築していくパブリック・リレーションズの考え方に着目し、その後、その普及を積極的に行うようになりました。こうして日本においてもパブリック・リレーションズの普及が推進されていったのです。

このように戦後まもなくから1950年代にかけて積極的に導入、普及されたパブリック・リレーションズですが、残念ながら本来的な意味において日本に根づいていったかというとそうではなく、アメリカで発展してきたパブリック・リレーションズとは異なった成長を遂げたと言われています。

日本は朝鮮戦争を契機に、大量生産・大量消費による高度経済成長時代を迎えます。1953年には民放テレビ局が開局し、本格的なマス広告によるマーケティング活動が始まりますが、商品やサービスを取り上げてもらうことを目的に、マスメディアに情報を持ち込むパブリシティ活動を行うPR会社が設立されるようになります。パブリック・リレーションズの定義が曖昧であったこともあり、パブリック・リレーションズが広告活動の一部としてのパブリシティとして認識されて成長してきた歴史的経緯もあって、本来的な意味であるパブリック・リレーションズは普及しなかった側面もありました。

また日本は多民族国家であるアメリカとは異なり、ほぼ単一民族の国であり、何か理解を求める際にも、文化的な背景や価値観があらかじめ共有されている環境であったことも普及が進みにくかった要因の1つに挙げられています。

パブリック・リレーションズの定義と4つのポイント

ここまでパブリック・リレーションズの歴史を紐解きながら理解を深めてきました。少しずつイメージが湧いてきたでしょうか。復習を兼ねて、パブリック・リレーションズとは何か、改めて整理してみましょう。

日本パブリック・リレーションズ協会の倫理綱領では次のように定義しています。

「パブリック・リレーションズは、ステークホルダーおよび社会との間で、健全な価値観を形成し、継続的に信頼関係を築くための活動である。その中心となるものは、相互理解と合意形成、信頼関係を深めるためのコミュニケーションである」

またPRの実務家の間で世界で最も読まれているとされているスコット・M・カトリップ他著『体系パブリック・リレーションズ』(ピアソン・エデュケーション)では以下のように示されています。

「パブリック・リレーションズとは、組織体とその存続を左右するパブリックとの間に、相互に利益をもたらす関係性を構築し、維持をするマネジメント機能である」

さらに分解して考えてみましょう。パブリック・リレーションズを進めるには、次の4つのポイントを押さえる必要があります。

①組織体の活動

パブリック・リレーションズは、企業などの組織体による活動が起点となります。ここでの組織体とは、企業、行政、教育機関、医療機関、NGOなどの非営利団体のほか、部活やサークルなどのあらゆるものが含まれます。要するに、個人ではなく「組織体の活動」ということです。

②相互理解と相互利益

活動の主体となる組織だけが利益を得るのではなく、相手（客体）にとっても利益をもたらす「相互利益」が前提になります。そして結果的に社会全体としてのメリットが得られることも大切になります。そのためには相互に深く理解し合う「相互理解」が重要になります。

③ 長期的な視野

パブリック・リレーションズは、互いに良好な関係性を構築するだけでなく、持続させていくことが大切になります。持続可能（サステナブル）という視点は欠かせませんし、短期的ではなく「長期的な視野」が必要になります。

④ 事実と倫理性

「相互理解」と「相互利益」を前提にして、長期的によい関係を築くためには、「事実」に基づいた活動であることが前提になります。うそはもちろん間違った情報伝達による活動は許されません。そのためには活動に関わる人たちの強い「倫理観」が必要とされます。

特に重要なのは、②と④のポイントです。

まず、②の「相互理解」「相互利益」について解説しておきましょう。パブリック・リレーションズの考え方を的確に表現しようとするとき、よく「三方よし」という言葉が使われます。これは近江商人が代々継承していった言葉で、「商売を行ううえで大切なことは、自分のためだけでなく、取引先のためにもなり、さらには社会のためにもならなければならない」といった意味が込められています。

この考え方はパブリック・リレーションズの活動を行う私たちPR会社にとっても、とても重要な考え方になります。まず、私たちが**提供する業務がクライアントの利益になること。そして自社の利益にもなり、社会全体の利益にもつながることを考えること**が、基本的な行動指針だと言っても過言ではありません。

もちろん、PR会社の活動のみならず、パブリック・リレーションズの活動を行うあらゆる組織にとって、この「三方よし」の考え方は非常に重要です。自分の利益だけでなく相手の利益、社会の利益になるかを考えながら活動を進めることは、社会とのつながりが重要になってきた現代においてますます大切になってきたと思います。

④の「事実と倫理性」についても触れておきます。特に**調査などをベースにしたPR活動は、あくまでも事実に基づくことが絶対条件です。**一言でいえば、うそは絶対についてはいけないということ。この「うそをつかない」姿勢を矜持としているPRパーソンも、少なからず存在しています。

例えば、ある会社が開発した製品の機能や効果を多くの人に知ってもらうために、科学的データをもとにPR活動を行うとしましょう。PR担当者は当然のことながら、「製品がもたらす機能・効果によって、この活動自体も生活者や社会の役に立つだろう」と考えます。

ところが、この会社の過失によって、提供されていた科学的データが間違っていたとします。一般的に考えると、過失の責任は開発に立ち会ってもいないPR担当者が負うものではありません。しかしながら倫理性という観点から考えると、PR担当者はたとえ知らなかったとしても、PRのプロフェッショナルとして間違った情報を広めてしまった責任があると考え、クライアントから指示されなくても、また相手から怒られるとしても、自主的に情報の提供先に謝罪し、事実を伝えるべく行動します。

ここまでの矜持と倫理観を持つPRパーソンは多くないかもしれません。ただ、パブリック・リレーションズを通じて社会に役立っていくためには、**「事実を曲げない」という強い倫理感がとても重要なポイントになります。**

合意形成と新しい「問い」

パブリック・リレーションズの活動において、さまざまなステークホルダーと「相互理解」に基づいた良好な関係性を構築・維持していくためには、ステークホルダーとの「合意形成」がとても重要です。たとえ自社とステークホルダーたちの間で意見が食い違っても、活発な議論やコミュニケーションを通じて、互いに納得のいく形で意見を一致させる。その意見をもとに、みんなの態度や行動が変わっていく。ここを目指しています。

合意形成をしていくためには、**社会に対して新しい「問い」を立て、今までとは異なる視点や考え方を提示すること**、しかも決めつけるのではなく「こういうのはどうですか」と問いかけてみることが大切です。

また、新しい概念を発信し理解を浸透させるには、言語化することも欠かせません。「草食男子」「女子力」「イクメン」などのように、メディアやＰＲパーソンが世の中の潜在的な欲望を言語化したものを、博報堂の嶋浩一郎氏は「社会記号」と呼んでいます。このように社会記号化することで、物事を見えやすくして人々の話題を呼んだり、世の中に問いかけたりすることもパブリック・リレーションズの手法の1つになります。

新しい問いを立て行動の変化を目指すパブリック・リレーションズの活動事例は、第4章から第7章にかけて詳しくお伝えします。

レピュテーション・マネジメント

私たちが商品やサービスを購入するとき、誰かの評価を参考にすることがあると思います。マスメディアのほか、近年ではインフルエンサーや知人によるSNSの投稿で知ることも多いでしょう。第三者による評価や評判を「レピュテーション」とも呼びます。

レピュテーションは、商品やサービスを提供する企業自身がすべてコントロールできるものではありません。企業側からの一方的なコミュニケーションだけでなく、メディアをはじめとする第三者のステークホルダーの評価によってもつくられるものです。人は主体者から一方的に発信された情報よりも、信頼できる第三者からの情報のほうを高く評価する傾向があります。新聞やテレビなどのマスメディアは長年人々から信頼されてきた存在であったため、その報道の内容も信頼されてきました。

実のところ、PRの活動の多くは、このレピュテーションを維持・向上させるためのマネジメントをすることだと言えます。具体的には2つあり、1つは、ポジティブなレピュテーションをつくりだし、ステークホルダーとの良好な関係づくりに生かすこと。もう1つは、ネガティブなレピュテーションを最小限に抑え、組織に与えるダメージを軽減することです。

PRの活動においてレピュテーション・マネジメントを意識し、実際にマネジメントしていくことはとても重要なことなので、ここでは頭の片隅に入れておいてください。

PRとパブリシティ、広告とパブリシティ

PRの業務の中では、「パブリシティ」という言葉をよく使用します。また広告の実務においてもパブリシティという言葉を使います。先に触れたように、そもそもパブリック・リレーションズの定義が非常に曖昧な状況にあり、実際に広告やパブリシティという言葉

も日本に住む多くの人が混同して使用しているのが現状です。ここでは、パブリシティ、広告はそれぞれ何なのか、PRとは何が違うのか、簡単に整理しておきましょう。

パブリシティとは、企業などの組織体が自社の商品や事業に関する発表をしたり取材に応じたりして、新聞、テレビ、ラジオ、雑誌などのメディアに取り上げてもらうことです。またメディアに取り上げられるようなニュースバリューを持つ情報のことを意味する場合もあります。パブリシティ(publicity)の動詞形であるpublicizeおよびpublishを和訳すると「公表する」という意味があるので、そちらのほうがイメージしやすいかもしれません。新聞は記者が記事を作成しますが、その記事の素材となる情報を、記者が編集しやすいように企業やPR会社などが整理して持ち込むようになったことからこの言葉ができたと考えられています。

新商品の発売など、企業がメディアに載せてもらいたい情報がメディア側に持ち込まれ、メディア側でもその情報が読者や視聴者にとって有益と判断されると、記事や番組として掲載・放映されることになります。また広告がメディアに掲載・放映される場合は広告費という対価が必要になりますが、パブリシティの場合は、原則として対価はかかりません。

ここで話を複雑にしているのは、パブリシティの中にも、対価が発生しないパブリシティもあれば、対価が発生するペイドパブリシティ（わかりやすい事例としては記事体の広告）もあり、現業の実務において両者が混同されて使用されている場合が多いことです。そういうこともあって、対価が発生しないパブリシティはノンペイドパブリシティと呼ばれることがあります。

パブリシティ業務はPR業務の中で重要な役割を果たしますが、全体の中の一部に過ぎません。ここが非常に重要なポイントになります。実際のところ、パブリック・リレーションズの定義が曖昧なこともあり、関係者の間でも理解が不足していて、PRの業務に関わる人の中でも、自分の業務はパブリシティ業務だと認識している人も存在しています。

PRの本質を理解している人たちは、「パブリシティの仕事は、PRパーソンにとって歯磨きみたいなもの」と表現することがあります。

歯磨きは多くの人にとって毎日の習慣として何気なく行っていることですが、目的はあくまで口腔内の衛生維持であり歯磨きはその手段の1つに過ぎません。しかしながらこの基本動作ができなければ、口腔内はおろか長期的には全身にも影響を及ぼす、健康基盤を支える大切な行為とも言えます。これは、PRの本質的な仕事は長期的で良好な関係性を構築することにコミットすることであり、パブリシティはそのための手段の1つに過ぎないものの、一方で社会の公器でもあるメディアのニーズを捉え、報道価値のあるものとして情報を伝えるパブリシティはPRの「合意形成」要素を凝縮した業務でもあり、PRパーソンにとっては基本動作であるという意味です。

ここでは、**PR、すなわちパブリック・リレーションズは、パブリシティ活動を包含するはるかに広い概念である**ことを理解していただければと思います。

それでは広告とパブリシティとの違いは何でしょうか。

広告は、企業などが商品・サービスの知名度の向上やブランドイメージを高めるために費用を拠出して展開するものです。メディアが販売する広告枠を購入して、そこに伝えたいことを表現します。例えば、テレビCMや新聞の広告欄、雑誌の広告ページなどがそれに該当します。企業が発信したい情報を広告として制作するので、企業が内容をコントロールすることができ、露出する時期やボリュームも、枠さえ空いていれば企業側の希望に沿うことができます。そして商品の知名度の向上やブランディングを行うために大きな効果があります。

一方、パブリシティは、企業などの組織がメディアに向けてプレスリリースを発信したり取材されたりして、記事や番組になるものです。メディア側が編集するので、企業はその報道内容をコントロールできません。露出時期もメディアの判断に委ねられるので、企業が指示することはできません。こうして第三者による情報として報じられることから、パブリシティはレピュテーションを広げる効果があります。

また、広告とパブリシティは比較することができますが、組織体がステークホルダーおよび社会との間に長期的な信頼関係を構築する活動であるパブリック・リレーションズと、コミュニケーションの伝達手法である広告は、そもそも比較すべき対象ではないということも重要なポイントです。

広告は答えをつくる、ＰＲは問いを投げる

では、広告とＰＲの違いはどこにあるのでしょうか。

「広告は答えをつくる。ＰＲは問いを投げる」

私たちはこのように捉えています。

広告は、最終的にはビジュアルや音声を含めた表現をします。商品やサービス、企業、ブランドなどに結びつくための答えを、多くの人たちに向けて伝える必要があります。ですので、表現を工夫しながら、「この商品は素晴らしい」「このサービスは優れている」ということを、映像やビジュアル、音声などを使って形にすることに大きな価値があります。

ＰＲも、最終的には「この商品やサービスが素晴らしい」と伝えることがゴールの１つではあるのですが、重きを置いているところが広告とは異なります。**ＰＲは、社会に向けた問題提起を重視している**のです。

これはどういうことでしょうか。あえて商材の例を出しますが、クライアントから温熱効果のあるアイマスクを売り出したいという依頼がきたとします。そのとき、「このアイマスクは目の周辺の血行をよくしますよ」と直接的な効能をアピールするのではなく、「夕方になると目が見えにくくなりませんか？」「夕方老眼という言葉をご存じですか？」というように生活者の気づきを提起します。生活者はそこで言われて初めて自分の症状に気づき、意識化されるのです。ここには事実ベースのロジカルなコミュニケーションが必要になってきます。

こうして問題提起から入っていき、最終的に解決するための対策として、「改善するためには、目の周りの血行をよくすることが必要です。蒸しタオルが有効ですが、こんなアイマスクもありますよ」と提示する。これは非常に簡略化した例になりますが、広告とPRにはこのような役割やアプローチの違いがあると思います。

もちろん、世の中に問いかける広告もあります。特に近年では、広告のPR化、広告の問い化も見られるようになり、その違いがわかりにくくなっています。

線引きが非常に微妙なところなのですが、あくまでも**PRの本質は、問いを投げかけて答えを一緒につくっていくものだ**と私たちは考えています。クライアントのみならず、社会や個人も一緒に答えをつくっていく。あるいは、答えを考える機会をつくることが、PRの目的です。広告は生活者にとって必要な情報を正しく、効果的に伝えることで、社会を豊かにする。PRは、社会に問いを投げかけ、社会とともに答えをつくり、社会を豊かにする。私たちはこのように考えて日々の活動を実践しています。

＊　＊　＊

本章の前半では、パブリック・リレーションズの歴史について触れました。パブリック・リレーションズの概念は、海外では独立して発展してきましたが、日本では広告産業の一部のように成長してきたという歴史もあったので、その本質が正しく理解されていなかった側面もありました。

しかし、近年は国内でもパブリック・リレーションズの活動が社会から再評価されてきています。これはある意味、社会が追いついてきたというようにも感じられます。広告の世界でも、世界的にソーシャルグッド（地球環境や地域のコミュニティなど、社会や世界に対して良い影響を与える活動や製品）を目指す活動が評価されていますが、こうした動きは、広告にも公益化を求めている兆しのように思われます。パブリック・リレーションズと広告とは全く違う概念ですが、今後はますます統合が必要とされているのかもしれません。

第2章

なぜ、パブリック・リレーションズがいま注目されているのか

パブリック・リレーションズとは、さまざまなステークホルダーと良好な関係をつくること。そのためには、自社の利益のみならず、クライアントや社会の利益を考える「三方よし」の理念と共に活動を進めることが大切だとお伝えしました。

では、なぜ今、企業や地方自治体などの組織が、このパブリック・リレーションズの考え方に注目するようになってきたのでしょうか。第2章では、パブリック・リレーションズが重要視されるようになった社会的背景と、ステークホルダーと共に最適解を探し出すポイントについてお話しします。

約8割の生活者が社会貢献するブランドを選ぶ時代に

ここからは説明をできるだけわかりやすくするために、企業の視点に立って話を進めます。2023年3月、博報堂が「生活者のサステナブル購買行動調査2023」として、消費者に向けて次のようなアンケートを実施しました（図3）。

図3　企業の「社会への姿勢」が購買に影響

社会に悪影響を与える企業の商品を買いたくない人が約8割

Q. 今後、あなたが買い物をする際、
以下のようなことを意識して買い物をしたいと思いますか？
それぞれ、あなたのお気持ちに最も近いものをお答えください。

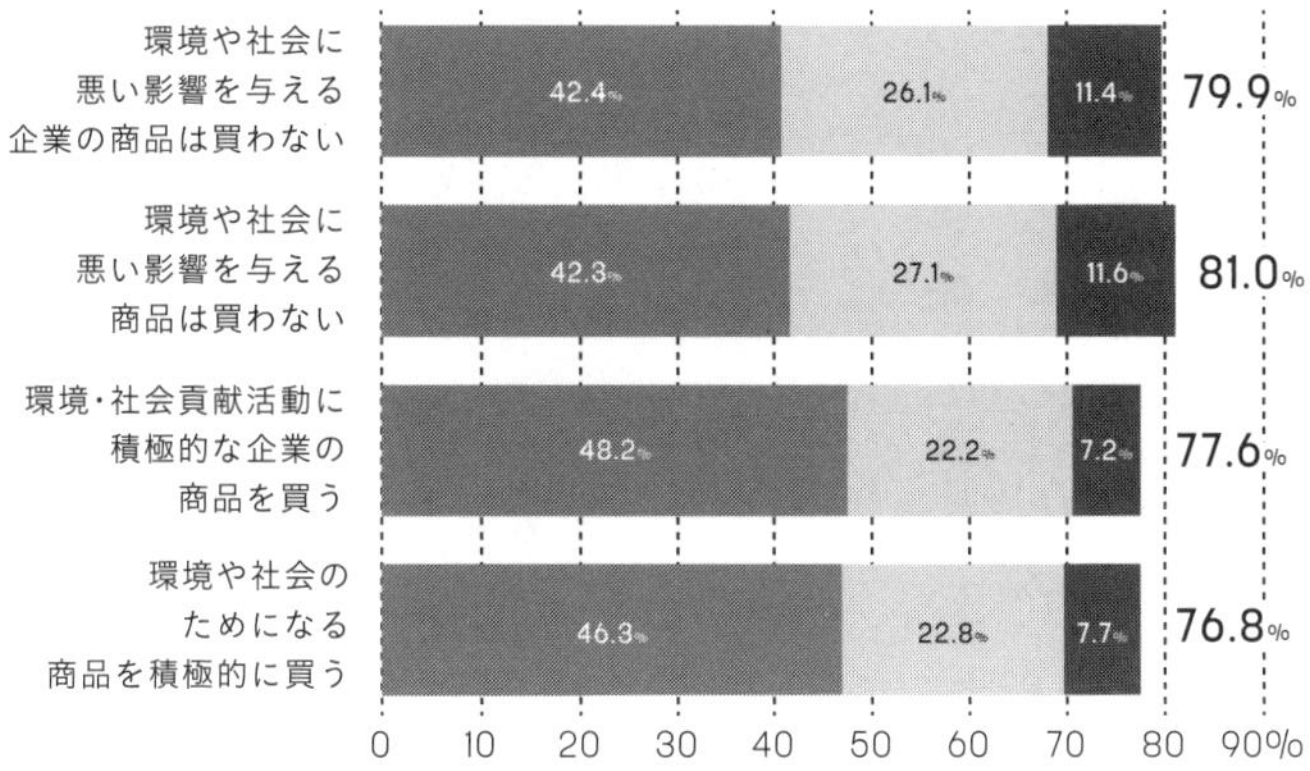

出典：博報堂「生活者のサステナブル購買行動調査 2023」（調査時期：2023年3月）

Q **今後、あなたが買い物をする際、以下のようなことを意識して買い物をしたいと思いますか？**

「環境や社会に悪い影響を与える企業の商品は買わない」……79・9％
「環境や社会に悪い影響を与える商品は買わない」……81・0％
「環境・社会貢献活動に積極的な企業の商品を買う」……77・6％
「環境や社会のためになる商品を積極的に買う」……76・8％

つまり、8割前後の生活者が、環境や社会に悪影響を与える企業の商品やサービスを買わず、環境や社会のためになる企業の商品を意識して買いたいと考えているのです。言い換えると、**生活者は、企業が普段どのような活動をしているか、どのようなポリシーを掲げているかを注視するようになってきた**ということです。

そのきっかけの1つとなった大きな出来事は東日本大震災ではないかと私たちは考えて

います。未曾有の大災害が起こった当時、各企業の対応が大きく報じられました。

多くの大企業はいち早く義援金や支援物資の寄贈を発表しました。家電メーカーは懐中電灯や乾電池、ラジオなどを、自動車メーカーは発電機やガスボンベなどを被災地に届けました。ほかにも、生活物資や医療用機器などの物資を提供した企業が相次ぎました。当時は日本全体が不安に包まれていましたから、被災地を支援しようとする企業の姿は生活者の心に響いたはずです。

その後も国内外で災害が起こるたびに企業の取り組みが報じられ、注目を集めるようになりました。２０１６年4月14日に発生した熊本地震では、あらゆる企業が次々と義援金や支援物資を送ることを発表しました。ある航空会社では、社員が実際に被災地を訪問して復興応援活動に取り組み、以後も毎年実施し続けています。

このような時代の流れがベースにある中で、インターネットやSNSの普及が進み、生活者が膨大な情報量を受け取れる環境が整いました。商品やサービスの情報だけでなく、その企業のポリシーや取り組みの様子も見えるようになってきたのです。生活者が、企業の社会への姿勢に関心を持つようになってきたのは、当然の流れだと言えるでしょう。

こうした状況を受けて、企業側も社会貢献に積極的に取り組むようになってきました。ただ、そのやり方はかつてのものとは少し違います。

皆さんは企業の社会貢献と聞くと、どのようなことを思い浮かべるでしょうか？　本業とは別の形で取り組む活動であり、緑化活動をしたり、ＮＰＯと連携してボランティア活動を行ったりする様子を思い浮かべるかもしれません。確かに昔はそういうスタイルが多かったのですが、今、企業は**社会課題に対してどう向き合っていくかを事業戦略の中に織り込んでいる**のです。

２０２２年６月、損害保険ジャパンが「ＳＤＧｓ・社会課題に関する意識調査」を実施し、生活者に向けて次のようなアンケートを行いました（図４）。

Q 企業が「SDGsの達成」や「社会課題」の解決に向けて果たすべき役割で、最も期待するものはどれですか？

「社会課題の解決に資する製品・サービスの開発・提供」……30・6％
「社会貢献活動の拡充」……13・2％

図4　企業戦略に求められる「社会課題解決」

社会課題に関心を持つ生活者は、
その解決を企業やブランドの商品やサービスに期待。
社会課題解決を戦略に織り込まないと、
企業の成長が頭打ちになる時代に

Q. 企業が「SDGsの達成」や「社会課題」の
解決に向けて果たすべき役割で、最も期待するものはどれですか？

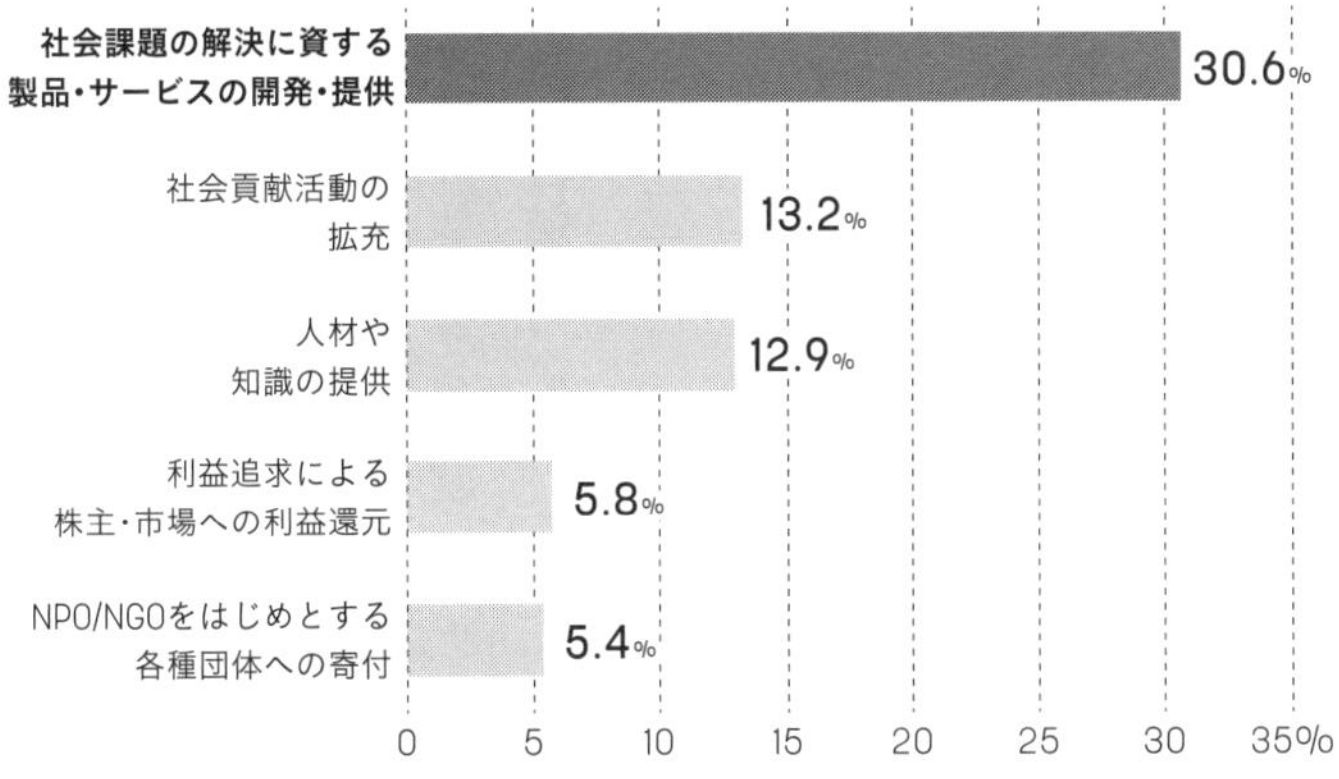

出典：損害保険ジャパン「SDGs・社会課題に関する意識調査」（調査時期：2022年6月）

「人材や知識の提供」……12・9%
「利益追求による株主・市場への利益還元」……5・8%
「NPO／NGOをはじめとする各種団体への寄付」……5・4%

ダントツで1位となっているのが、「社会課題の解決に資する製品・サービスの開発・提供」です。つまり、**企業の本業が社会課題の解決に結びついているかどうかが、生活者に重視されている**と言えます。

企業の成長を阻むハードローとソフトロー

皆さんも実感されていると思いますが、世の中は常に変化を続けており、特に近年は激変の連続と言っても過言ではありません。過去数年を振り返るだけでも、新型コロナウイルスの感染拡大、ロシアによるウクライナ侵攻、急速な円安ドル高や世界的なインフレなど、大きな変化が起こり続けています。当然のことながら、社会の変化に伴って私たち個人の価値観や生活様式、消費行動なども変わり続けています。

企業も例外ではありません。これまでは社会のルールに従って成長することが基本でしたが、今は場合によってはゲームチェンジを含めて、自分たちの市場自体を変えていくアプローチも必要になってきています。昔から続く慣習や規範、行動原理、法令、アンコンシャス・バイアス（無意識の思い込み）など、従来の社会の「あたりまえ」が、時としてビジネスの成長を阻害することになりかねなくなってきたのです。

つまり、**人口減少が続く日本の中で起こる「あたりまえ」の変化こそが、市場成長を遂げる鍵になる**と言えるのではないでしょうか。

もう少し詳しくご説明しましょう（図5）。これまでの「あたりまえ」を、「ハードローの壁」と「ソフトローの壁」に分けてみます。ハードローとは、既存の仕組みを守る法律です。ソフトローとは、これまでの慣習や規範、行動原理、法令、アンコンシャス・バイアスです。「女性／男性とはこういうもの」、「若い／年をとった人が××するのが普通」などという物事の捉え方も含まれます。これらの壁を壊したとき、新たな市場を創出したり、売り上げが拡大したりすることがあるのです。

図5 「社会のルール」を変えて市場成長を促進

商品やサービスの浸透にあたり、
慣習や規範、行動原理、アンコンシャス・バイアス、
時には法令など、これまでの社会の「あたりまえ」を
変えていくことが市場成長の鍵となる

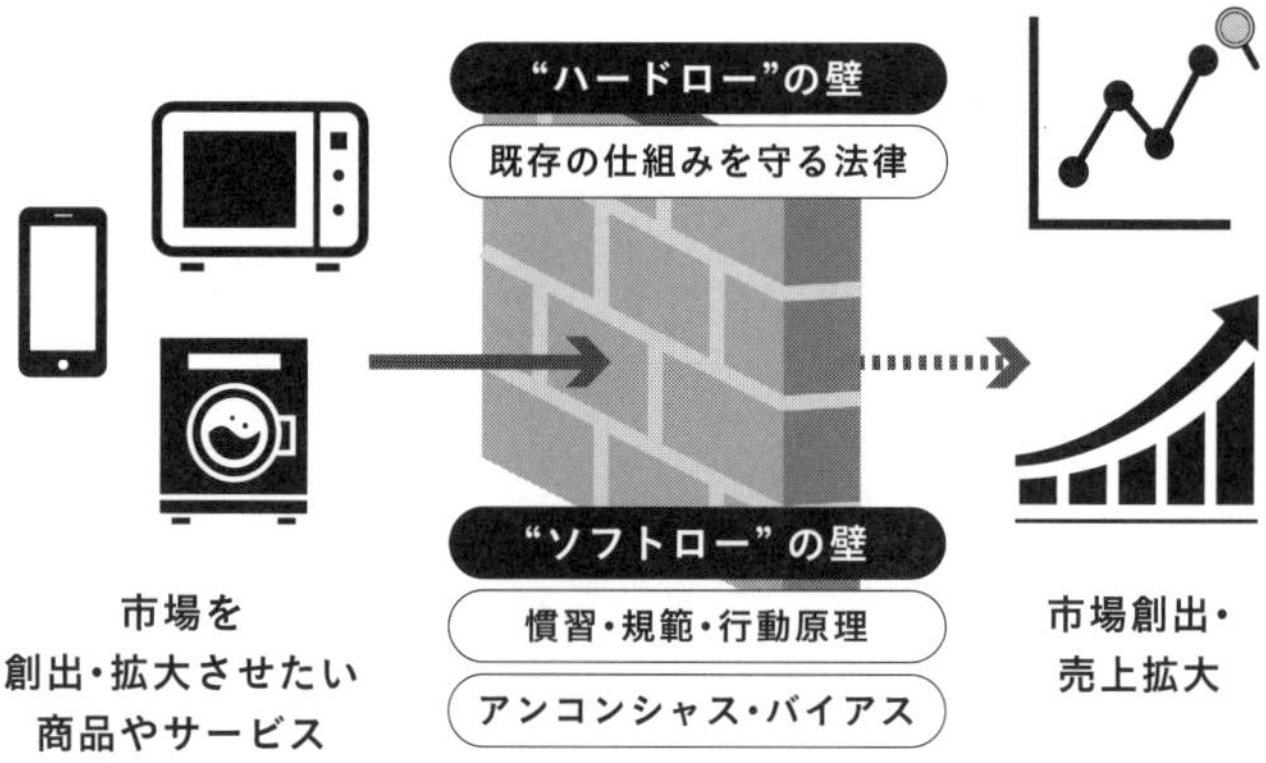

ハードローを乗り越えた事例として「民泊」が挙げられます。かつては、個人が民泊を始めようとする場合、旅館業法に基づいて簡易宿所の営業許可を取ったり、特区民泊の認定を受けたりしなければなりませんでした。その許可を取得するまでのハードルが非常に高く、個人が空き家や空き室を活用しようとしても、民泊を始めるのは非常に難しかったのです。

ところが、2018年6月に民泊新法（住宅宿泊事業法）が施行され、一定の基準を満たす住宅ならば、個人が簡単な手続きをするだけで民泊営業を始められるようになったのです。当時はインバウンド（外国人観光客）が大幅に増えていましたから、民泊新法の施行以降、届出件数が急速に伸びていきました。コロナ禍では一時的に伸びが緩やかになりましたが、今後のリベンジ消費を見据えて、再び民泊ビジネスが拡大しつつあります。もし、ハードローが緩和されなかったら、民泊ビジネスはここまで浸透しなかったでしょう。

ソフトローを乗り越えた例もあります。ある家電メーカーが、洗濯時の騒音が小さい洗濯機を開発しました。でも、「低騒音の洗濯機を新発売！」とアピールしても、それは機能の1つでしかなく、生活者の目に留めてもらうことが難しかった。

そこで、ソフトローの壁に着目すると、どうなるでしょうか。かつて、洗濯は「専業主婦が午前中にやるもの」あるいは「休日にまとめてやるもの」という慣習がありました。しかし共働きの夫婦が増えてくると、この慣習自体が変わってきたのです。平日の日中は2人とも仕事に出て、週末の日中は子どもの相手や余暇を楽しむことを優先したいというニーズが出てきて、洗濯は夫婦で分担して夜にやるようになってきました。

このような新しい「あたりまえ」に気づいた家電メーカーは、静かな洗濯機を「夜に洗濯をしたい人が、近所や寝ている子どもに気を使わなくてすむ洗濯機」と位置づけただけでなく、「夜の家事向け製品」というライフスタイルの変化に伴う新しい市場カテゴリを見い出して売り出しました。その結果、売り上げを伸ばすことに成功したのです。

自社の商品やサービスをどのような人たちに使ってもらうかを考えるとき、今までの慣習や生活様式だけではなくて、「世の中が変わってきているから、新しいニーズがあるのではないか」というポイントを探してみる。この視点が、市場創出につながります。

今までの「あたりまえ」を変えていくこと。変わりつつある「あたりまえ」を捉えること。そこに新しいニーズが隠れています。ソフトローの壁を打ち崩すことは、企業にとって非常に重要なポイントになります。

生活者は、企業に仕掛けられることを嫌う

これまで企業は、生活者に向けてあらゆるアプローチを仕掛け、自社の商品やサービスの素晴らしさをアピールしてきました。

例えば、皆さんにもこんな経験はありませんか？　インターネットでウェブサイトを閲覧しているとき、何度も同じバナー広告が出てきた。ＥＣサイトでバッグを探していたら、その後、インターネットでウェブサイトを開くたびにバッグの広告が出てくるようになった。リンク先に飛んでみたら、ポップアップ広告が何度も出てきて、閉じるのが大変だった。あるいは、好きなインフルエンサーのＳＮＳで「お気に入りのアイテム」が紹介されていたけれど、後になって広告記事だとわかった。これはいわゆる、ステマ（ステルスマーケティング）と呼ばれるものです。

当然のことながら、企業は多くの人に「この商品を買ってほしい」「このサービスを知ってほしい」と考えていますから、実にさまざまな手法で、商品やサービスを皆さんの目に

触れられるようにしようとします。検索履歴や閲覧履歴から、属性や興味のある分野を絞り込み、個別に関心の高い広告を配信する「ターゲティング広告」。閲覧したウェブサイトや商品の情報が、別のウェブサイトに移っても表示される「追跡型広告」。

このような広告宣伝活動は業界の規制やガイドラインに則っていればステマのような問題は発生せず、実際にきちんと運用している会社によるものがほとんどですが、重要なのは、生活者がどのように感じるのかという点です。

2020年11月に日本インタラクティブ広告協会（JIAA）が実施した「2020年インターネット広告に関するユーザー意識調査（定性）」（図6）では、生活者によるターゲティング広告への嫌悪感の声が寄せられました。自分の行動履歴が筒抜けと感じる瞬間があり、監視されているような居心地の悪さを感じた、なぜ自分が過去に検索した商品が、買ってもいないのに履歴として残っているのかなど、生活者は、誰かに見られているような気持ち悪さや怖さを感じているのです。

あるいは、メールや購入金額、クレジット番号、住所も漏れているのではないかという不安もあります。『70年代生まれのあなたに』という広告が出ると、なぜわかるのか、個人情報が漏れているのではないかと怖くなったりします。やはり生活者は、常に追跡された

図6　「仕掛けられる」ことが嫌われる社会

**ターゲティング広告や、ステマが疑われる事象など、
生活者は「仕掛けられる」ことに不快感やわざとらしさなど、
ネガティブな感情を抱く傾向が強くなっている**

ターゲティング広告への嫌悪感の声

誰かに見られているような気持ち悪さ、怖さ

- 自分の行動履歴が筒抜けと感じる瞬間があり、監視されているような居心地の悪さを感じた
- 何故自分が過去に検索した商品が履歴として残っているのか、買ってもいないのに、と思う

実は自分の情報が漏れているかもしれないという不安感

- メールや購入金額、クレジット番号、住所も漏れているか不安
- 「70年代生まれのあなたに」と出ると、なぜわかるのか個人情報が漏れている気がして怖い

出典：一般社団法人 日本インタラクティブ広告協会（JIAA）
「2020年インターネット広告に関するユーザー意識調査（定性）」（調査時期：2020年11月）

インフルエンサーが企業の依頼で商品やブランドの紹介を行うことについての印象は？

	企業からの依頼を明らかにした場合	企業からの依頼かわからない場合	企業からの依頼を隠していた場合
とても良いことだと感じる	29.8%	12.6%	6.0%
良い情報を教えてくれてありがたい	24.1%	20.8%	6.4%
わざとらしさを感じる	11.3%	29.8%	23.7%
不快に感じる	3.9%	9.7%	51.9%

出典：WOMマーケティング協議会
「広告主と一般消費者のインフルエンサーマーケティング実態調査」（調査時期：2018年7〜8月）

り仕掛けられたりすることに対する忌避感が強まっていると言えるでしょう。

2018年7～8月にWOMマーケティング協議会が実施した「広告主と一般消費者のインフルエンサーマーケティング実態調査」では、次のような結果が出ました。「インフルエンサーが企業の依頼で商品やブランドの紹介を行うことについての印象は？」との質問に対し、「企業からの依頼を明らかにした場合」は、「とても良いことだと感じる」と答えた人は29・8％、「良い情報を教えてくれてありがたい」と答えた人は24・1％。一方で、「企業からの依頼かわからない場合」は、「わざとらしさを感じる」と答えた人が29・8％。さらに「企業からの依頼を隠していた場合」は、「わざとらしさを感じる」と答えた人が23・7％、「不快に感じる」と答えた人は51・9％という結果になったのです。

消費者庁は2023年10月に景品表示法に基づきステマ規制の強化を決定しました。今後はこういった広告宣伝手法は使われなくなるでしょうから、この調査はルールが曖昧だった時代の話として参考にしてください。インフルエンサーが企業からの依頼で商品やブランドの紹介をすることはよくある話です。ただ、重要なのは「インフルエンサーが自ら勧めているように伝えておきながら、実は企業からの依頼だった」とわかった場合に、非常に不快感を覚える方が多いということです。

2つの調査から、**生活者は企業に「知らない間に仕掛けられる」ことに、不快感やわざとらしさなど、ネガティブな感情を抱く傾向が強い**と言えます。

SNS時代における「炎上リスク」

今、SNSの普及が急速に進み、日本における利用者の割合は約8割（2021年8月末時点、総務省調べ）に達しました。まさに今は「SNS時代」と言えます。

SNSが発達するにつれ、さまざまな評判、特に悪い評判が「炎上」という形で瞬時に広がるようになりました。明らかな犯罪はもちろんのこと、「ちょっといやだな」「なんとなく気持ち悪いな」という小さな不快感など、いわゆる法令違反ではないものでも、すぐに拡散されてしまうのです。

例えば、ある商品のCMの中に「女性は育児をやるべきだ」「男性は家族の大黒柱であるべきだ」というアンコンシャス・バイアスが入っていたとしましょう。すると、このCM

図7　社会に受け入れられないと「炎上リスク」

**法令を違反していなかったとしても、
ジェンダー、差別、ハラスメントなどの社会問題や、
生活者が心情的に受け入れられないと感じる場合、
企業やブランド価値を大きく損なう可能性がある**

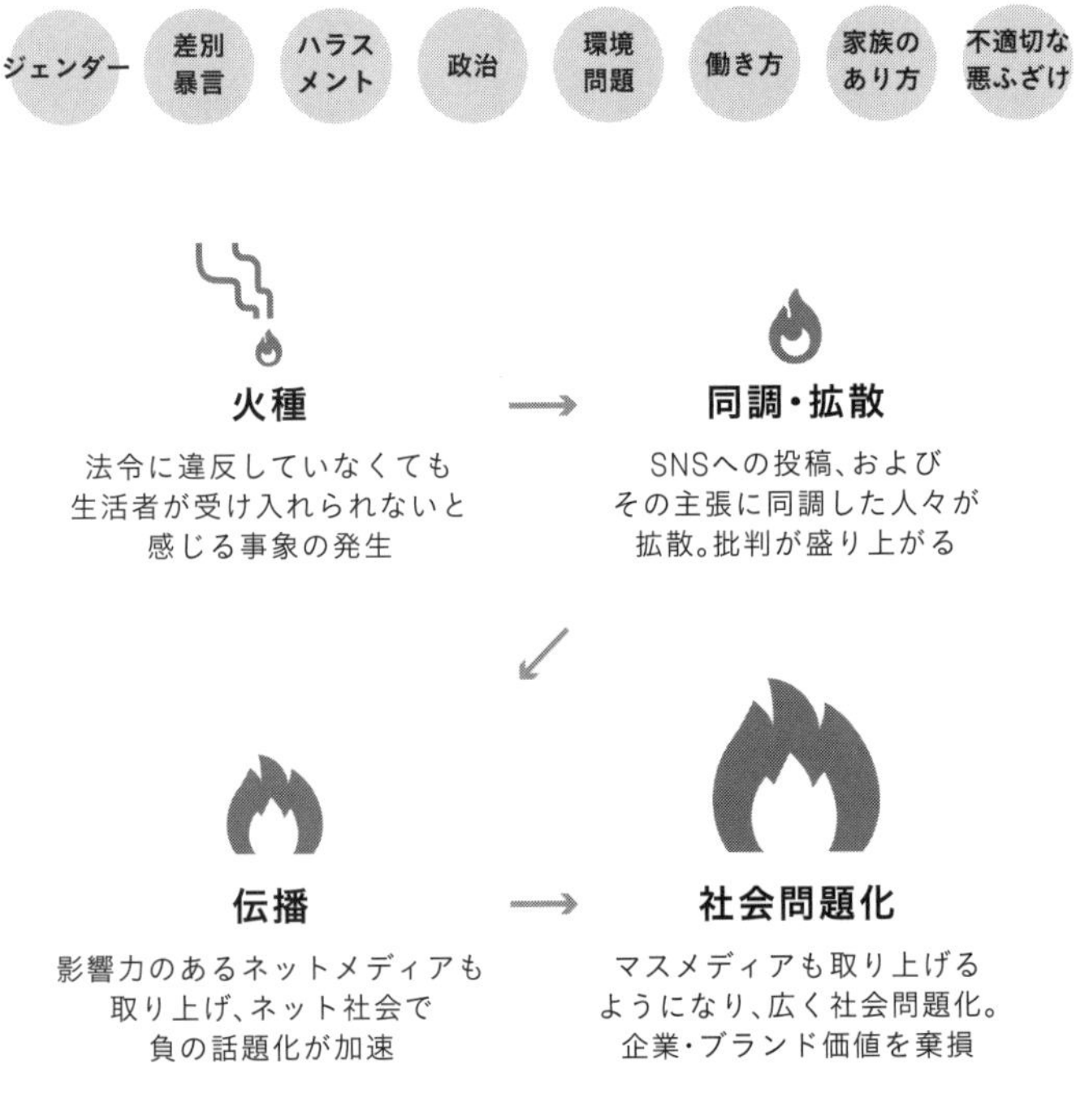

ジェンダー
差別暴言
ハラスメント
政治
環境問題
働き方
家族のあり方
不適切な悪ふざけ
火種
法令に違反していなくても生活者が受け入れられないと感じる事象の発生
同調・拡散
SNSへの投稿、およびその主張に同調した人々が拡散。批判が盛り上がる
伝播
影響力のあるネットメディアも取り上げ、ネット社会で負の話題化が加速
社会問題化
マスメディアも取り上げるようになり、広く社会問題化。企業・ブランド価値を棄損

に疑問を抱いた一部の人たちが「その考え方は古いのではないか？」「今は男女平等の時代だ」などの意見をSNSで発信し始めます。その投稿に同調した人たちがさらに拡散し、批判の声が増えていきます。さらにその議論をネットメディアが取り上げ、時にはインフルエンサーが言及し、最終的にはマスメディアも取り上げるようになって、社会問題に発展していくのです（図7）。

その延長線上で、広告主である企業やブランドの価値が大きく損なわれる恐れがあります。特に、ジェンダー、差別・暴言、ハラスメントなどの社会問題、あるいは生活者が心情的に受け入れられないと感じるところがあると、このような炎上に発展する可能性があります。

そのうえ、先にも触れましたが、企業は本業とともに社会課題と向き合うことが求められています。発信する情報のトーンやマナーを大切にしながら、社会課題とも関わっていく。**自社だけが「いいことだ」と思って伝えても、社会に受け入れてもらえないリスクがある**のです。

ステークホルダーとの共創が、社会の共感につながる

常に企業は、誰かを傷つけていないか、炎上する要素がないかを考えながら、社会と向き合い、社会課題の解決に向けて、新しい「あたりまえ」を提案したり、それに即した企業活動をしていかねばなりません。一方で、それは非常に難しいことでもあります。

そこで重要になるのは、社会課題の解決や、既成概念を超えた新しい「あたりまえ」の実現を望む社外の専門家や団体・企業などと共に、それがかなう仕組みをつくることです。そのように共通のゴールに向かって共に動く仲間の存在は、不可欠と言っても過言ではありません。

少し前までは、企業は商品やサービスの特徴を伝えさえすれば、生活者に気づいてもらうことができ、売り上げにつながっていました。企業が伝えたいことを、一方通行のアプローチで伝えるだけでよかったのです。

しかし、新しい「あたりまえ」や新しい仕組みをつくりだそうと考えるとき、それでは

不十分です。自社だけでなく、周りを取り巻くステークホルダーと一緒に考えていくことが重要になります。

さらに言えば、「どういう伝え方をすればいいのか」についてもステークホルダーとともに考える。**自社単独で仕掛けるのではなく、ステークホルダーを巻き込んだ共創が、世の中の共感を得ることにつながる**のです。

もちろん簡単なことではありません。ここで私たちが提唱するのが、新しい「あたりまえ」を実現する最適解を見つける「**社会デザイン発想**」というフレームです。第3章から詳しく説明していきます。

第3章

「社会デザイン発想」で企業課題に最適解を見つける

第2章では、企業は経済的価値の追求だけでなく社会課題への取り組みも求められるようになったというお話をしてきました。

それはなぜか。復習になりますが、次の5つの背景があるからです。

- 企業の社会への姿勢が、購買に影響するようになった
- 企業戦略に社会課題の解決が求められるようになった
- 生活者は、企業に「仕掛けられる」ことを嫌う
- 社会に受け入れられないと、炎上リスクがある
- ステークホルダーとの共創が不可欠になってきた

では、企業は具体的にどのように考え、どのような戦略を打ち出していけばよいのでしょうか。

第3章で紹介する私たち独自のフレーム「社会デザイン発想」は、そのヒントになるかもしれません。

図8　企業が目指すべき「最適解」＝
新しい「あたりまえ」

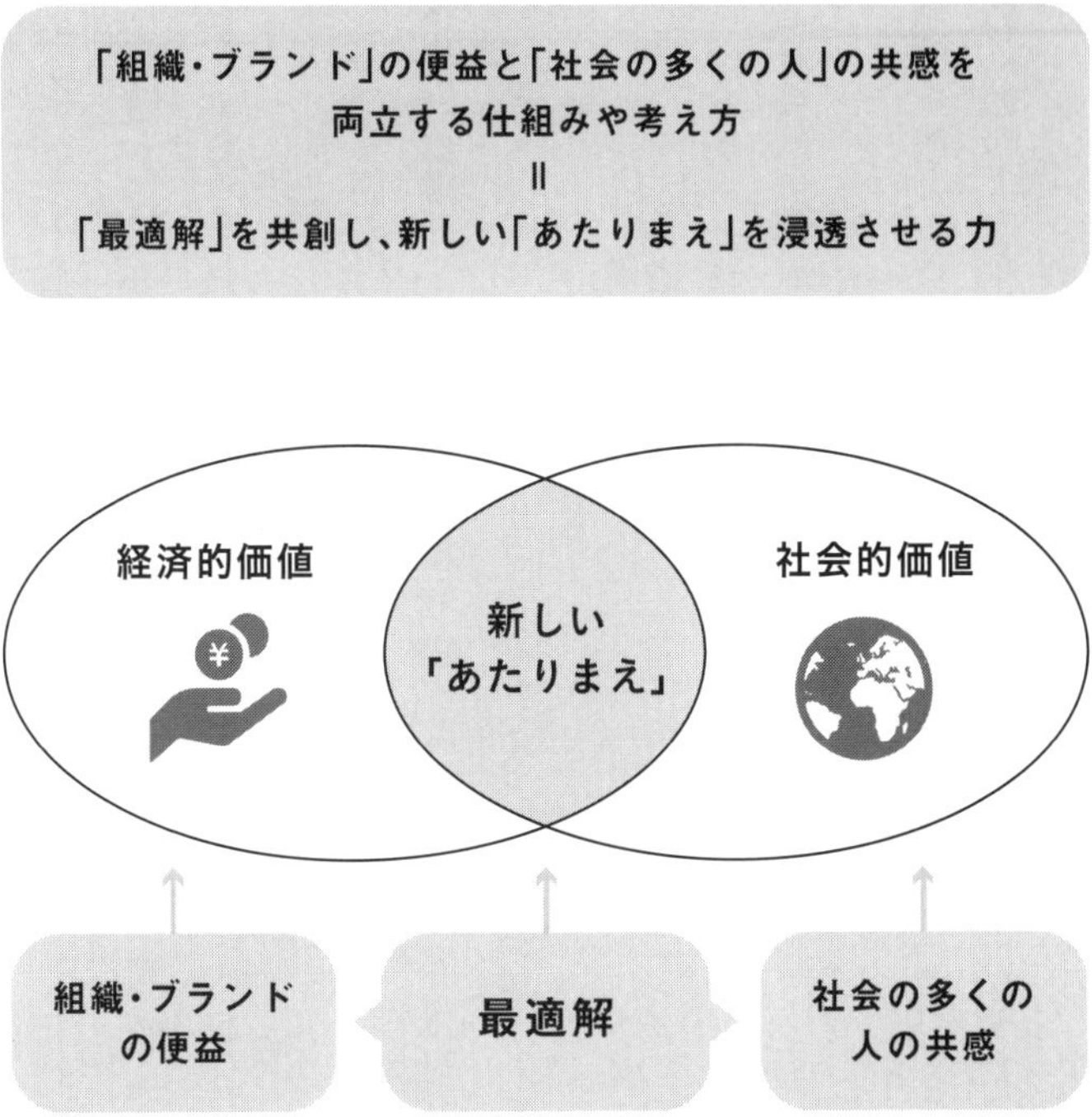

経済的価値と社会的価値を両立させる「最適解」

企業が目指すべき新しい「あたりまえ」や「最適解」とはどんなものなのでしょうか。図8を見てください。左側の円の中に、**「経済的価値」**（組織・ブランドの便益）と書いてあります。一般的に企業が目指しているのはこちらです。自社やブランドの価値をどのように上げていき、どのように売り上げにつなげていくかが、ビジネス課題として受け止められています。

従来はこの部分だけを目指していればよかったのですが、今は「そのブランドの価値は社会的に見るとどのように捉えられるか？　よりよい社会や暮らしの実現に寄与するのか？」という**「社会的価値」**も必要になってきました。

この社会的価値を考えるうえで重要になるのが、次の2つの視点です。**1つは、自社が持っているものにどのような社会性があるかという組織的視点。もう1つは、社会的に議論を呼んでいる、もしくはこれから議論が起きそうなトピックスと、企業側が提供する商**

品・ブランドとの間にどのような相関があるかという社会的視点です。

この2つの視点について、もう少し具体的にイメージしてみましょう。先ほど、静かな洗濯機の例を挙げました。これを組織的視点で捉えると、「音が静かな洗濯機で生活者が洗濯をする時間の選択肢を広げられる」。一方、社会的視点で捉えると、「家事をする役割や時間は夫婦の役割やライフスタイルに合わせてもっと自由でもよい」となります。この2つを掛け合わせると、「共働きの夫婦など、平日の日中、家にいない人は夜に洗濯をする」という新しい「あたりまえ」が生まれ、それをあたりまえにする最適解が「夜の家事用家電」というカテゴリを市場に顕在化させること、と導くことができます。

こうして探し出した最適解によって洗濯機を売り出した結果、家電メーカーは収益を伸ばすことに成功し、夜に家事をしたいと思っていた人たちも気兼ねなく夜に洗濯ができるようになり、経済的価値と社会的価値の両立が実現しました。

今、あらゆる組織は経済的価値のみならず、社会とともにある組織として、社会全体の価値を上げることが求められています。繰り返しになりますが、企業活動がより社会化していくことが必要不可欠です。**経済的価値と社会的価値が重なる部分、すなわち新しい「あたりまえ」を探し出し、社会に浸透させていくための仕組みである「最適解」を打ち出していくことが、社会デザイン発想の原則**となります。

「問い・提唱・巻込・喚起」の4要素を駆使して最適解を共創する

では、その「最適解」はどのように創っていくのでしょうか。

社会デザイン発想では、**「問い」「提唱」「巻込」「喚起」**という4つの要素をベースにして考えていきます。

まず、4つの要素の概要から説明します（図9）。各要素をどのように活用していくかは後ほど具体例を用いて詳しく解説しますので、まずは要点だけ押さえておいてくださいね。

1つ目は**「問い」**。クライアントである組織から課題を提示されたとき、私たちはその内容をさまざまな視点から深掘りしていきます。社会潮流を把握し、当事者一人ひとりの声にも耳を傾けて、課題に連動するような世の中の動き、その反響、これまでにない取り組

図9　「問い・提唱・巻込・喚起」の
4要素で最適解を共創する

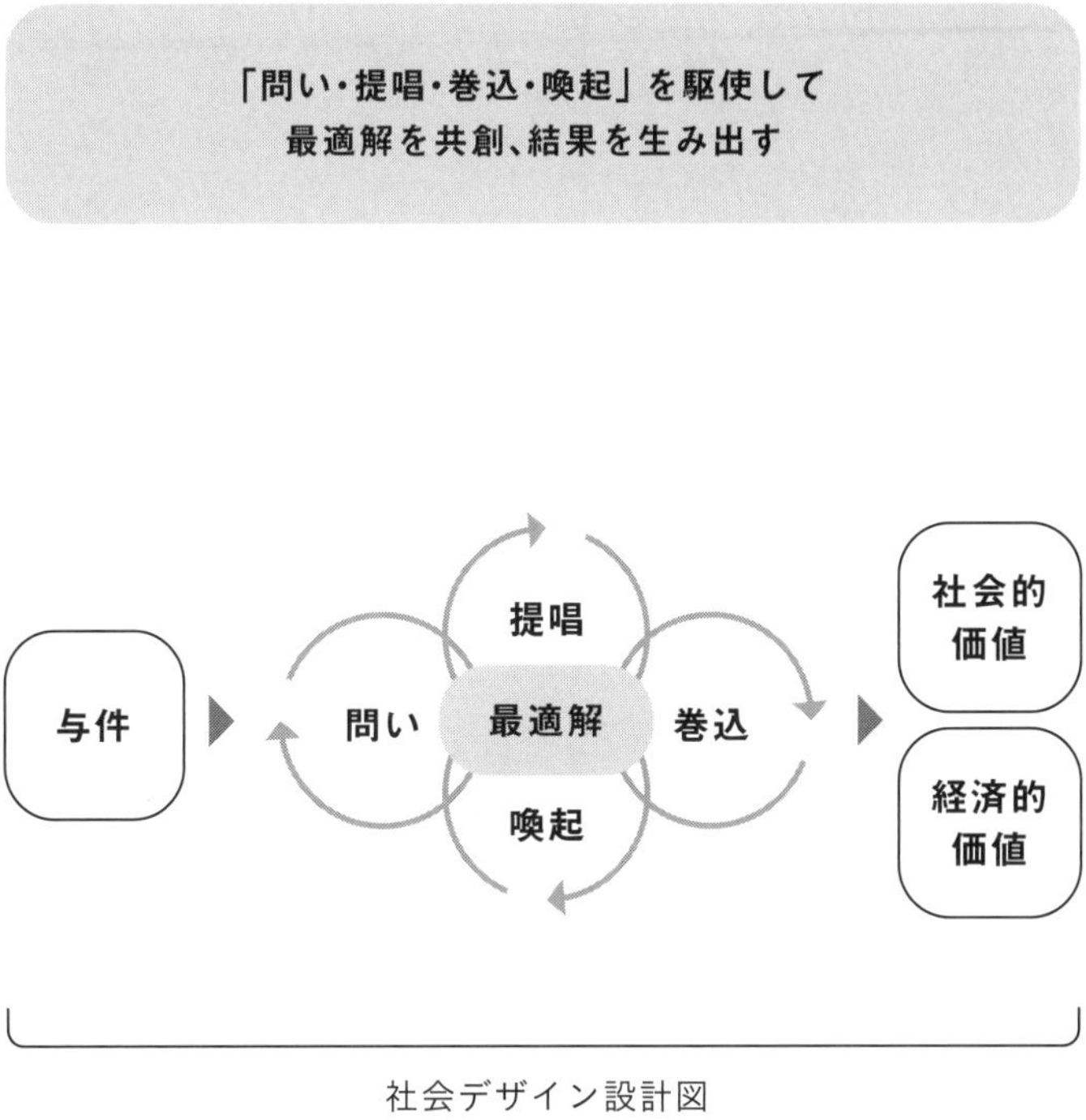

み例など、社会と人の心の変化のキザシを発見して、真に取り組むべき課題となる新しい「問い」に仕立てていくのです。

2つ目は**「提唱」**。問いに対して、ある種の答えを設計する部分が提唱です。組織やブランドのみならず、社会の多数が「共に目指したい」と思える答え、つまり理想の社会を構想します。この理想の社会とは、これまでも説明の中で出てきた新しい「あたりまえ」と同義です。

さらに提唱では、新しい「あたりまえ」に賛同してもらえる大義が何か、また世の中に浸透させるにはどうすればいいか、そのプロセスをデザインします。大義は基本的に公益性の高いテーマとなりますが、教科書的、あるいは抽象的に「△△は●●であるべきだ」と定義だけしても仕方ありません。そこに、人に関心を持ってもらうための気づきや、気づきを具体的にする仕組みをPRのコアアイデア＝最適解として考えます。まとめますと、新しい「あたりまえ」の構想から仕組みづくりまでが提唱だと捉えてください。

3つ目は**「巻込」**。提唱で構想した新しい「あたりまえ」を実際に社会に伝えていくためには、ステークホルダーとの共創が必要になります。そこで当事者の声を起点にして、一緒に世の中に問いかける仲間を見つけ、巻き込んでいく仕組みをつくるのです。新しい「あたりまえ」に賛同する輪を次々と広げていくためには、ステークホルダーや仲間がどのように関われるか、あるいは関係性を構築できるか、といった「関わりしろ」を考え、仕組みに落としていくことが大切です。

最後は**「喚起」**です。先ほど、私たちは提唱を〝新しい「あたりまえ」を社会に浸透させていくための仕組み〟と申し上げました。つまり目的は社会への「浸透」であるのですが、この最後の要素を、なぜ「浸透」ではなく「喚起」という言葉にしているのか。ここが大きなポイントです。

私たちの掲げる新しい「あたりまえ」は、多くの人たちから本当に共感されるのでしょうか。単純に「私たちの取り組みは良いことでしょう?」と一方的に世の中に問えば、「そうだね」と同意されるわけではありません。

もちろん多くの人たちから共感していただければうれしいのですが、それよりも議論喚起、関心喚起、話題喚起を促すことのほうが重要だと考えています。というのは、**世の中の人々が情報を受け取って、各人の内側から何らかの感情が湧き上がってきたときに初め**

て自分ゴトとなるからです。自分ゴトになると、意識や行動が変わります。こうして新しい「あたりまえ」が、多くの人々に浸透していく。浸透は結果ですが、私たちは情報の受け手の自発的な意思を踏まえたプロセスを大事にしているからこそ、「喚起」としているのです。

4つの要素を理解していただいたところで、それぞれをどのように考えていくか、次の項目から実践的な手法を説明していきます。

要素1「問い」
4つの視点でリサーチ・考察し、新しい問いを立てる

「問い」とは、社会潮流を把握し、当事者一人ひとりの声にも耳を傾けて、真に取り組むべき課題や、課題に連動するような世の中のキザシを発見して、新しい問いに仕立てていく力であると定義しました。これからの社会を考えるうえで大切なことは何か、議論すべきポイントは何か、世の中にアジェンダ設定をするパブリック・リレーションズならではのアプローチとも言えます。では、実際にどのように問いを立てていくのでしょうか。

図10　要素1「問い」

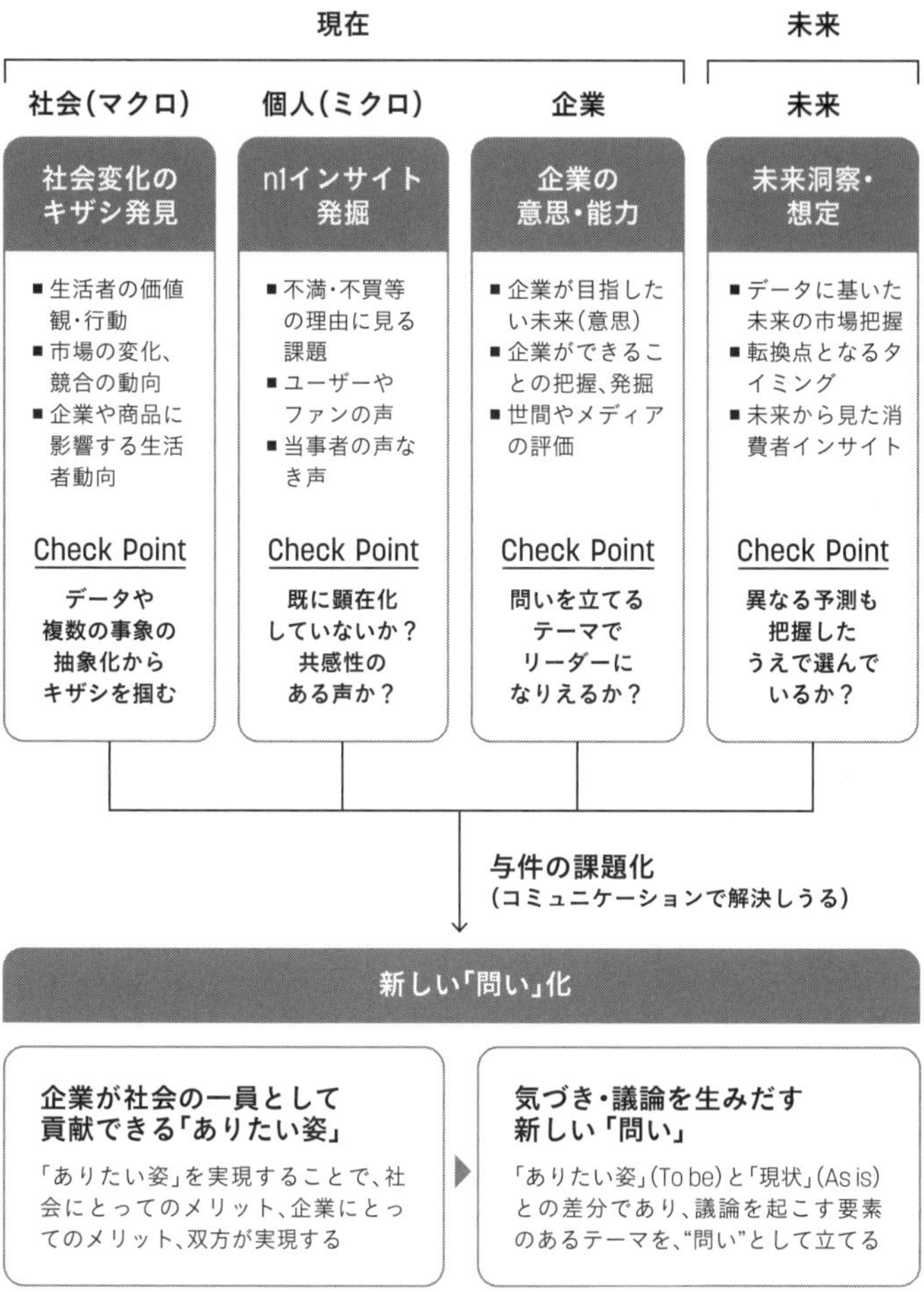
現在
未来
社会（マクロ）
個人（ミクロ）
企業
未来
社会変化のキザシ発見
■生活者の価値観・行動
■市場の変化、競合の動向
■企業や商品に影響する生活者動向
Check Point
データや複数の事象の抽象化からキザシを掴む
n1インサイト発掘
■不満・不買等の理由に見る課題
■ユーザーやファンの声
■当事者の声なき声
Check Point
既に顕在化していないか？共感性のある声か？
企業の意思・能力
■企業が目指したい未来（意思）
■企業ができることの把握、発掘
■世間やメディアの評価
Check Point
問いを立てるテーマでリーダーになりえるか？
未来洞察・想定
■データに基いた未来の市場把握
■転換点となるタイミング
■未来から見た消費者インサイト
Check Point
異なる予測も把握したうえで選んでいるか？
与件の課題化
（コミュニケーションで解決しうる）
新しい「問い」化
企業が社会の一員として貢献できる「ありたい姿」
「ありたい姿」を実現することで、社会にとってのメリット、企業にとってのメリット、双方が実現する
気づき・議論を生みだす新しい「問い」
「ありたい姿」（To be）と「現状」（As is）との差分であり、議論を起こす要素のあるテーマを、"問い"として立てる

図10を見てください。問いの要素を分解しますと、「社会変化のキザシ発見」「n1インサイト発掘」「企業の意思・能力」「未来洞察・想定」「新しい〝問い〟化」の計5つになります。

左上の**「社会変化のキザシ発見」**からまいりましょう。これは社会（マクロ）的視点による分析です。クライアントから「こういうことに困っています」と依頼が来たとき、まずはそのマーケットやターゲットがどのような状況になっているのかを把握しなければなりません。ただ、私たちはそれだけではなく、クライアントの課題と連動するような社会の出来事や潮流をリサーチし、「それはどういう背景があって起きているのか」を推察します。

ポイントは、**「データや複数の事象の抽象化からキザシを掴む」**こと。社会全体を見渡してクライアントの課題と相関がある複数の出来事を抽出したら、「これらの出来事に共通するものは何だろう。もしかすると、新たな変化が起きているかもしれない」と考えてみる。このようにして出来事を抽象化しながら、新たなキザシを発見するプロセスが必要になります。活用事例は第4章以降を参照してください。

続いて、右隣の**「n1インサイト発掘」**です。これは、当事者個人（ミクロ）の視点による課題発見です。

「社会変化のキザシ発見」のように社会の大きな潮流を追いかけていくと、サイレントマイノリティ（少数派だが、違和感や悩みを感じていても声を上げない人たち）の声を見逃してしまいます。しかし、実はそのサイレントマイノリティの中にこそ、重要なヒントが隠されていることが少なくありません。マクロ視点とミクロ視点、両方のアプローチが必要です。

では、どうするかというと、一人の生活者・当事者に注目して、どういうインサイト（生活者の行動の根底にある、本人さえも気づいていない動機や本音）があるか、インタビュー調査などを通じて探求します。

例えば、ある新商品を使ってみた人たちの中には、満足している人たちだけでなく、不便さや不足を感じた人もいるはずです。そんな満たされない思いを、話を聞きながら深掘りする。商品を使っていない人たちにも、なぜ使わないのか、どこに不足を感じているのかを深掘りする。あるいは、商品を本来の用途で使っていなかったり、別の商品と組み合わせて使っていたりする人に着目することもあります。

このように、いろいろな生活者たちのインサイトを徹底的に調査して、実際に出た声をそのまま受け取るのではなく、生活者自身も気づかないような思いも発掘していくのです。

次は、**「企業の意思・能力」**です。当然のことながら、私たちに依頼してくださったクライアント企業の意思や能力に着目することも必要です。

もちろん、企業としては「商品の売り上げを伸ばしたい」という希望はあるでしょう。しかしここでは、**クライアント自身がどういう未来を目指したいか、その未来を実現するためにはどういうことが必要か**をヒアリングします。そのうえで、実際に企業ができることを確認したり、企業の取り組みに対する社会やメディアの評価はどうなっているかを調べたりして、目指す未来に向けてどのようなアプローチが可能かを探ります。

以上のように、社会、個人、企業という3つの要素を調査・分析したところで、一番右のボックス**「未来洞察・想定」**に入ります。これまで着目してきた社会、個人、企業は、過去や現在の姿です。それらを踏まえたうえで、今後の未来はどうなっていくかを私たちが想定していきます。データに基づいて市場がどのように変化していくかを予測したり、これから世の中で転換点となる出来事が起こるかを検証したりすることもあります。

例えば自動運転の発達は交通事故の防止や、地方交通の利便性が上がることが想定されますが、一方で事故発生時の責任の所在や運転免許の意味など新たな課題も発生します。その上で、生活者の価値観がどのように変わっていくかを考えます。

以上の4つの要素が、問いをつくるために必要な視点です。実際は、これらの要素を行ったり来たりしながら調べて、問いの質を上げていきます。こうして図10下部の**「新しい〝問い〟化」**に到達します。ポイントは、**マクロ視点だけではなくて、ミクロ視点も調べること。現状分析だけではなく、未来洞察まで行うこと。**この2つが重要です。

要素2「提唱」

新しい「あたりまえ」を浸透させる最適解とプロセス

続いては、「提唱」です。問いに対して、答え＝新しい「あたりまえ」を掲げ、世の中に浸透させるためのプロセスを組み立てるのが提唱でしたね。

まず、新しい「あたりまえ」とは何かを考えます。図11の上段を見てください。図8でも触れたように、経済的価値と社会的価値が重なる部分がベースとなります。そのうえで、「社会がこういうふうに変わっていくといいのではないか」を考えて書き出していきます。

実際の活用事例は、第4章以降で詳しく説明していますので、ご参照ください。

図11　要素2「提唱」

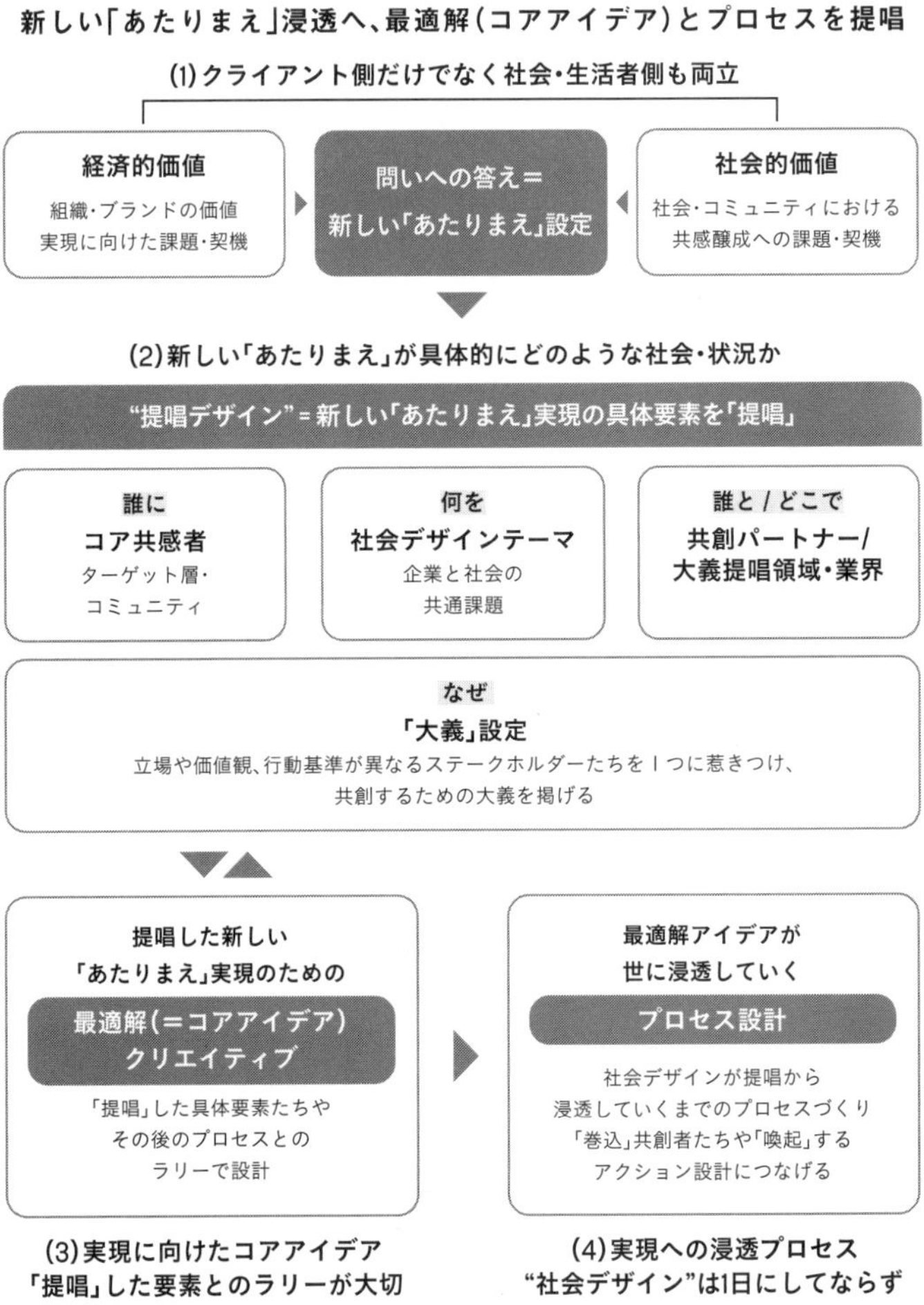
新しい「あたりまえ」浸透へ、最適解(コアアイデア)とプロセスを提唱
(1)クライアント側だけでなく社会・生活者側も両立
経済的価値
組織・ブランドの価値
実現に向けた課題・契機
問いへの答え＝
新しい「あたりまえ」設定
社会的価値
社会・コミュニティにおける
共感醸成への課題・契機
(2)新しい「あたりまえ」が具体的にどのような社会・状況か
“提唱デザイン”＝新しい「あたりまえ」実現の具体要素を「提唱」
誰に
コア共感者
ターゲット層・
コミュニティ
何を
社会デザインテーマ
企業と社会の
共通課題
誰と／どこで
共創パートナー/
大義提唱領域・業界
なぜ
「大義」設定
立場や価値観、行動基準が異なるステークホルダーたちを１つに惹きつけ、
共創するための大義を掲げる
提唱した新しい
「あたりまえ」実現のための
最適解(＝コアアイデア)
クリエイティブ
「提唱」した具体要素たちや
その後のプロセスとの
ラリーで設計
最適解アイデアが
世に浸透していく
プロセス設計
社会デザインが提唱から
浸透していくまでのプロセスづくり
「巻込」共創者たちや「喚起」する
アクション設計につなげる
(3)実現に向けたコアアイデア
「提唱」した要素とのラリーが大切
(4)実現への浸透プロセス
“社会デザイン”は1日にしてならず

この工程では、「何を提唱するか」とあわせて、図11中央の4つのボックスにある、**「誰に」「何を」「誰と／どこで」「なぜ」伝えるかを考えること**がポイントになります。

特に重要なのは、「誰と」と「なぜ」。「誰と」は、次の要素「巻込」にも大きく影響してきます。企業が自社だけで伝えようとしても、世の中に浸透させることはできません。協力してくれる事業者や専門家、当事者、自社のブランドのファンなど、さまざまなステークホルダーとの共創が必要です。

ただ、当然のことながらそれぞれに利害関係があります。**全員に、この新しい「あたりまえ」っていいよねと感じてもらい、足並みをそろえるためには、「なぜ」すなわち大義が必要**になります。この部分を考えるとき、社会性の高い大義を掲げなければなりません。

少しフライングになりますが、第4章の事例をもとに説明します。

ある製薬会社が「自社が開発した薬剤の適応疾患を正しく知ってもらいたい」と考えていました。ただ、それをそのまま世の中に伝えても関心を示す人は少ないでしょう。多くの人にとっては、それが自分ごとにはならないからです。

では、「患者さんと医師のコミュニケーションを円滑にして、患者さんがスムーズに適切な治療を受けられるような世の中にしたい」という大義を掲げると、どうでしょうか。多くの人にメリットがあることですから、賛同者が増えていきます。製薬会社にとっても、症状を持つ患者さんに適切な治療を受けていただくことができる。多くの人を巻き込んでいくことで、患者さんを取り巻くコミュニケーション環境が整うのです。

ただ、大義を掲げるだけでは、新しい「あたりまえ」を社会に浸透させることはできません。「どうやって伝えるか?」を考える必要があります。ここが、最適解のコアアイデアになります。

この例ですと、「患者さんがスムーズに適切な治療を受けられるようにする」という大義を果たすためには、患者さんが症状をうまく医師に伝えられるようにするとともに、医師も患者さんの症状を正確にキャッチできるようにしなければなりません。

そこで私たちは、最適解として、「痛みの共通言語として、オノマトペを使う」ことを考えました。詳しくは第4章でお話ししますが、言語や医療の専門家を交えて、神経の痛みと痛みのオノマトペとの相関を調べて、医療コミュニケーションにオノマトペが利用できるような仕組みをつくったのです。その結果、この取り組みは大きな反響を呼び、医師による独自の研究が進んだり、ある大学の医学部で授業に導入されたりして、多くの人に活用されるようになりました。

要素3「巻込」
最適解を共創・浸透させるフォーメーションと役割を設計

「巻込」は、「提唱」で考えた最適解や大義に共感してくださる方、面白いと思ってくださる方を、世の中に向けて問いかける仲間として見つけて巻き込む段階です。賛同の輪を次々と広げていく仕掛けも考えます。

まず、巻き込んでいきたい人たちを想定します。彼らは大きく2つの役割に分けることができます。**1つは、最適解や新しい「あたりまえ」を世の中に向けて伝えていく人たち。** 問いの当事者やその支援者が含まれます。**もう1つは、関わりしろのある人たち。** 当事者や支援者の周囲にいる人たちで、当事者の家族や友人などの隣人、また本来の業界や領域の外からあえて越境してきてその課題の大切さを伝える越境協力者などが含まれます。

図12のように、それぞれの要素において、どのような人が想定できるか、できる限り詳しく書き出していきます。例えば左上の「当事者コミュニティ」であれば、当事者たちが

図12　要素3「巻込」

「最適解」を共創・浸透させるフォーメーションと役割を設計

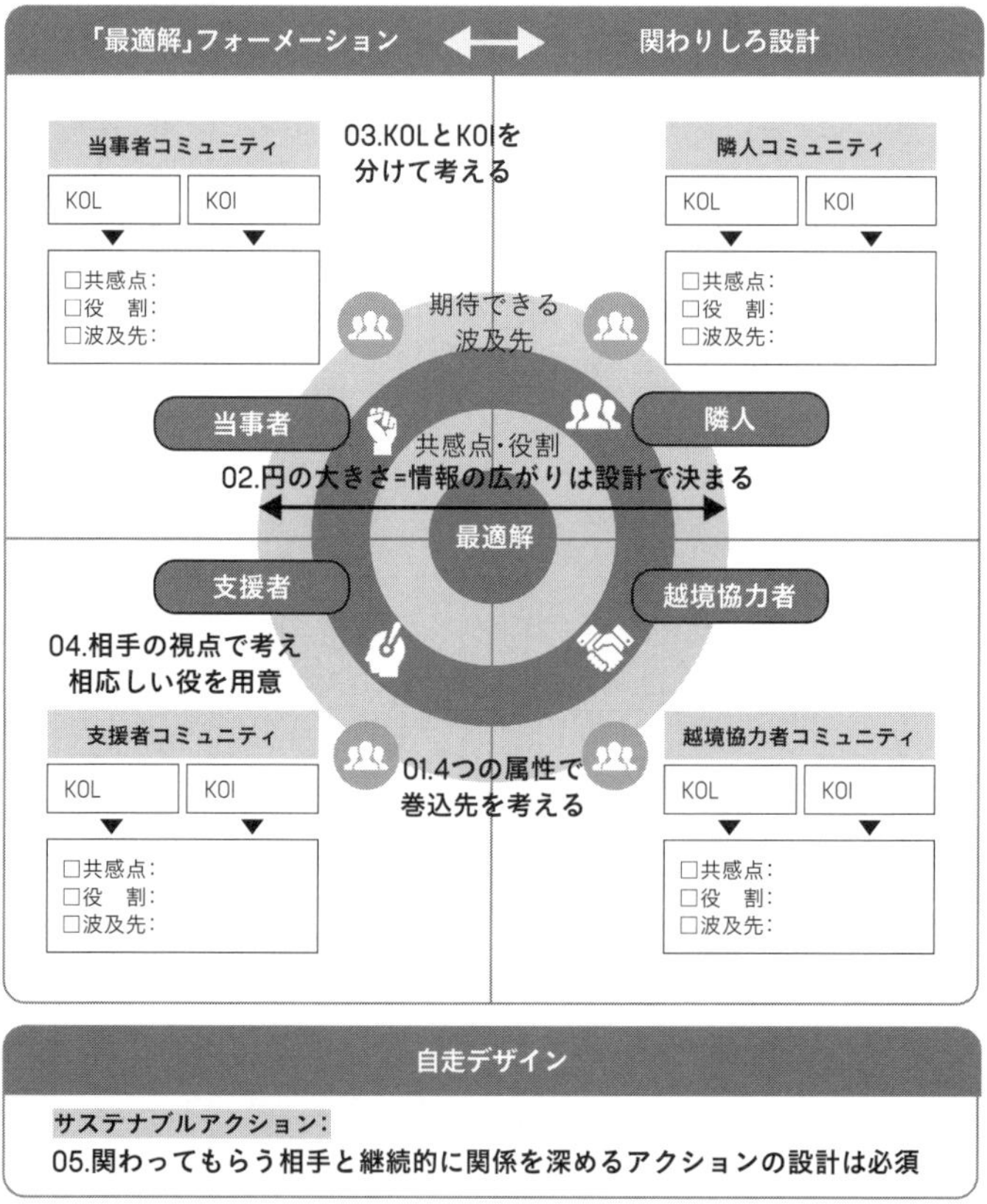

KOL：キーオピニオンリーダー。
コミュニティの論調・意思決定に影響力を持つ人
KOI：キーオピニオンインフルエンサー。
コミュニティのフォロワーが多く拡散力を持つ人

□**共感点**：最適解との接点＝一緒に取組む相手側の意義
□**役　割**：関与度＆主体性を高める実際に行ってもらうこと
□**波及先**：共創の先に期待する情報や仕組みの波及先

最適解と共感するポイントはどこか。世の中に向けて情報発信するうえで、当事者たちには何をやっていただくか。その結果、どのような人たちに波及する見込みがあるかを考えます。さらには、コミュニティの意思決定に影響を持つ当事者のオピニオンリーダー、コミュニティのフォロワーが多く拡散力を持つキーオピニオンインフルエンサーなどの具体的な名前も書き出します。

巻き込んでいきたい人たちが想定できたら、自走するための仕組み「サステナブルアクション」を考えます。この取り組みに関わる人たちの熱量を維持し、たとえ関与する人たちが減っても継続していく仕組みをつくるのです。

要素4「喚起」

社会に議論を巻き起こし、意識・行動を変える

「何を伝えるか」「どのように浸透させていくか」(提唱)、「誰と伝えるか」(巻込)が決まってくると、最後に「喚起」すなわち「どのように伝えていくか」を考えます(図13)。新しい「あたりまえ」が社会の多くの人たちから共感されるかどうかを問うために、世の中に向けて議論を起こすのです。

喚起は、大きく2つのフェーズに分けることができます。1つは、「Perception Change」。どのように認識を変えていきたいかという段階。もう1つは、「Behavior Change」。需要、行動、習慣をどう変えていきたいかを設計する段階です。

先ほど、最後の要素を「浸透」ではなく「喚起」とした理由をお話ししました。人々が情報を一方的に受け取るのではなく、情報を受け取ったときに自分の内側から何らかの感情が湧き上がってくる状態を目指しているということでしたね。

図13　要素4「喚起」

意識を変えて、行動を変える“喚起”には、フェーズごとに仕掛けがある

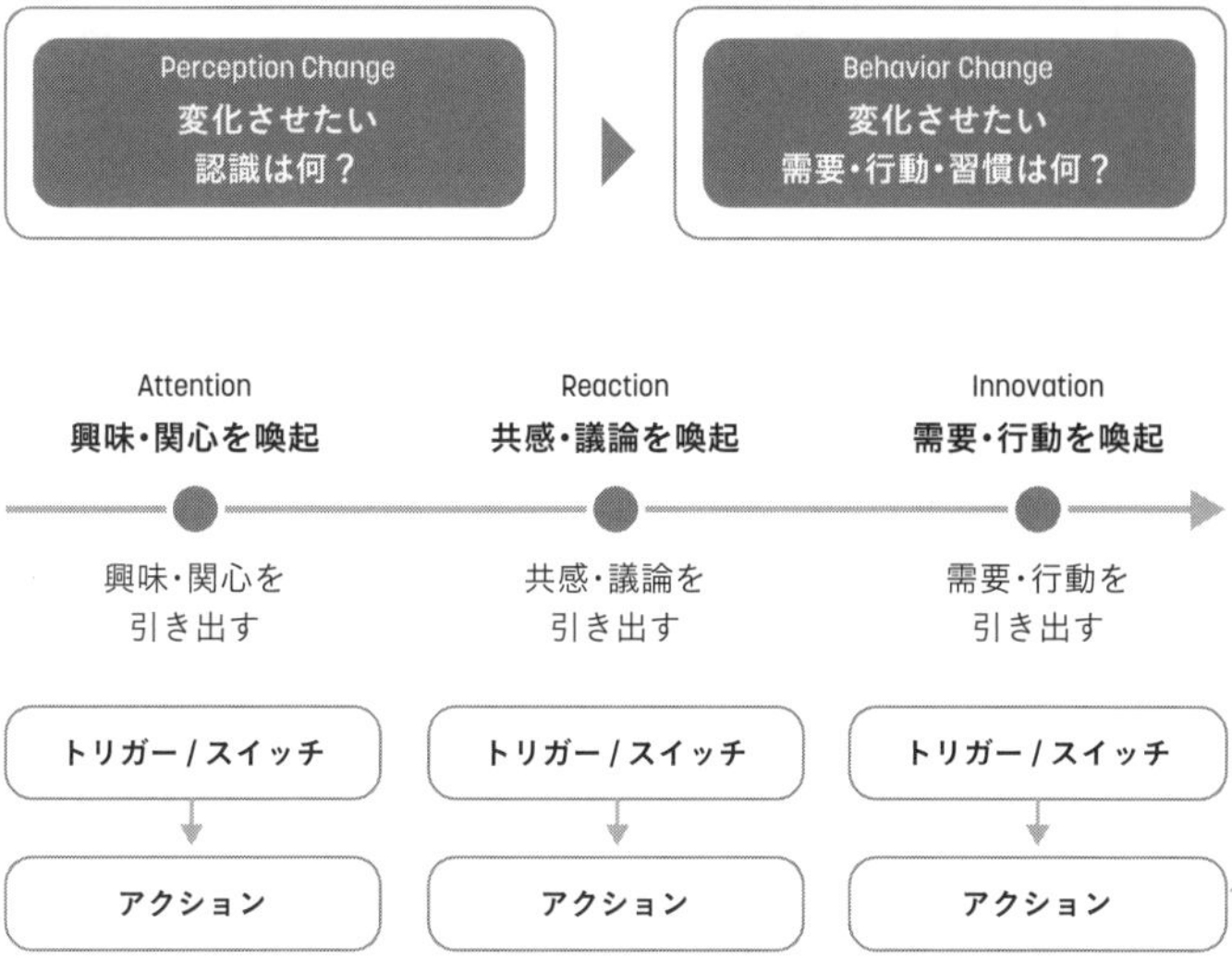

その状態に到達するまでには、3つの段階があります。

まずは、**興味や関心を喚起する**。関心を抱いてもらうトリガーは何かを設計し、それを引き出すために何をすればいいかを考えます。生活者の身近な出来事に置き換えたり、「もしも」を設定したり、あまり知られていない意外な事実を取り上げたり、課題をなるべく小分け・具体化するのがポイントです。統計の活用や調査を実施して具体的な数字を出すこともあります。

2019年に大きく報道された「老後2000万円問題」は、老後について漠然と不安に思う人はもともと存在していたものの、「2000万」という具体的な数字があったから、あそこまで議論になったと言えます。

続いて、**共感や議論を喚起する**。受け取った情報に対して共感してもらったり、議論を起こしてもらったりする段階です。こちらも同じく、トリガーとなるもの、それを引き出すアクションは何かを設計します。課題を凝縮して可視化したシンボリックアクションを実施し、情報の受け手に大きな気づき、時にはショックを与えて考える機会を提供するのも1つの方法です。

2017年に米国のニューヨーク証券取引所前の雄牛のブロンズ像「チャージング・ビ

ル」の前に突如、立ちはだかる少女の像が出現しました。金融街の象徴でもあった猛々しい牛を企業の経営層を長年占めてきた男性と重ね合わせ、胸を張った少女が立ち向かう姿を見せることで、経営層の女性比率向上のメッセージを込めたものでした。国際女性デーは女性をエンパワーメントするさまざまなメッセージや取り組みがなされますが、現状や意思を示す象徴的なシーンを出現させることで、ただ「女性役員比率を上げよう」と言うよりも、はるかに大きな共感や議論を喚起することができたのです。

最後に、**需要・行動を喚起する。**態度や認識が変わっても実際に行動に移してもらうことが大切です。簡単・手軽にできる、自分の行動が記録される、多くの人からSNSで賞賛される、というような、人が思わず欲しくなる・あるいはついやってみたくなる仕掛けを織り交ぜて、行動変容というゴールを目指すのです。

コロナ禍ではSNSで特定のテーマ・フォーマットをリレー形式でつなぐ投稿が流行しました。閉塞感のある日常の中でお互いを励まし合う方法は数多く考えられますが、フォーマットの決まったリレー投稿は手軽で連帯感もあり、時には著名人が参加するサプライズもあるなど、行動しやすい・したくなる要素がそろっていたことが多くの人の行動につながったのだと考えます。

プロジェクトを見える化することで、PR活動の価値を上げる

私たちが社会デザイン発想というフレームをつくろうと考えたのは、自社がやっていることをクライアントに説明したいという思いがあったからです。新しい画期的なフレームをつくりたかったわけではなく、私たちがやっているプロジェクトの内容を説明することで、周囲に理解してもらったり、価値を感じてもらったりしてほしかった。私たちも民間企業ですから、生き残り戦略として価値の可視化が必要だと考えました。

それだけではありません。PR会社は民間のサービス企業でありながらも、非常に社会性を帯びている存在であることを伝えたいという理由もありました。ここまでお話ししてきたように、私たちは新しい「あたりまえ」を世の中に提唱し、共感してもらい、議論を深めていく役割を担っています。そのためには高い倫理性が求められるのですが、同時に、社会目線を常に持って企業と社会をつなぐ力、新しい「あたりまえ」という観点からよい社会をつくるためのプランを実装する力が必要です。

ただ、これらのプロセスはなかなか目に見えにくく、周囲からはどのようにプロジェクトを進めているのかわかりにくいのが実状です。そこで社会デザイン発想というフレームをつくることで、ステークホルダーのみならず、世の中の多くの人たちに「なるほど」と思ってもらい、価値を感じてもらうことが大切ではないかと考えたのです。

さらにもう1つ、理由があります。私たちと同じように世の中で活動しているPRパーソンたちや、さまざまな業界で活躍するビジネスパーソンたちに、「自分たちのやっている取り組みは、こんなにプライドを持てることなのだ」と感じてもらいたかったのです。

「自分たちは社会と企業の間に立ちながらも、社会性を兼ね備えた存在なんだ」と意識してください。プロジェクトに取り組むとき、おのずと視野が広がり、それぞれの立場に立った施策を考えられるようになるはずです。

第4章

〝痛みのオノマトペ〟開発

「神経の痛み」受診促進

ここからは社会デザイン発想の活用事例に入っていきます。

本章でご紹介する「痛みのオノマトペ開発」は、言葉の力で医療コミュニケーションの課題に挑んだプロジェクトです。言語や医療の専門家に協力を得て、痛みを表現するオノマトペと疾患との相関を導き出し、医療の現場で活用できるようにしたところがポイントとなっています。

プロジェクトの全貌と社会デザイン発想による考え方について見ていきましょう。

慢性的な痛みがあっても、医療機関の受診に至らない

多くの人が悩みつつも放置している、慢性的な神経の痛み。この痛みは外傷のように目に見えるわけではないため、症状があっても見過ごされやすいのが特徴です。そんな症状のある人の医療機関への受診を促進すると共に、患者さんを医師がスムーズに受け入れられるようにしたい――そのための社会環境づくりについて、製薬会社と共に取り組みを進めました。

この製薬会社は神経の痛みの治療薬を開発し、世界中で提供しています。一方でこの病

図14　慢性疼痛患者を取り巻く状況(1)

痛みは我慢する	74.3%
病院に行くほどでもない	31.2%

※製薬会社調査(2012)より

「我慢は美徳」、治るのを待つ？

を取り巻く課題として、患者数が非常に多いにもかかわらず、実際に医療機関を受診する人が少ないという状況があります。

日本国内でも慢性の痛みを抱える人は、約２７００万人いると言われており、２００９年に行われた厚生労働省による「慢性の痛みに関する検討会」でも深刻な社会課題として取り上げられました。慢性の痛みはＱＯＬ(Quality of Life＝生活の質)を著しく低下させたり、就労の損失を招いたりすることから、社会的な損失が大きいと指摘されています。

特に日本では痛みを我慢することが美徳とされる傾向があり、慢性的な痛みを持っていても医療機関を受診しない人が多くいます。２０１２年に実施した、慢性疼痛患者を対象とする調査では、「痛みは我慢する」(74・3%)、「病院に行くほどでもない」(31・2%)という結果が出ました。多くの人はマッサージを受けたり、市販薬を服用したりするものの、なかなか医療機関を受診しないことがわかったのです(図14)。

慢性的な痛みを抱える人たちの適切な治療を促すにはどうすればいいか。私たちは、医療機関を受診しない理由について考えました。

同調査によると、「治療に不満がある」(45・7%)、「病院の変更経験あり」(65・4%)と答えた人が目立ちました。治療に不満があって病院を転々としている人や、途中で治療を止めてしまう人も多くいらっしゃいました。実際に直接話を伺った人たちからも、「痛みを伝えて対処してもらっても、あまり症状が改善しなかった」「医師に症状を話しても、あまり伝わらなかった」という声が上がりました(図15)。

つまり、**患者さんの見えない痛みが上手に医師に伝わらず、適切な治療を受ける機会を逃してあきらめてしまうケースが多いのではないか**——。私たちは、この点に注目したのです。

図15　慢性疼痛患者を取り巻く状況(2)

治療に不満がある	45.7%
病院の変更経験あり	65.4%

※製薬会社調査(2012)より

治療に不満、病院を転々とする人も

痛みには、大きく分けて2つの種類があります。

1つは、骨折や切り傷、火傷などによって組織が傷ついて生じる炎症の痛みで、「侵害受容性疼痛」と呼ばれるもの。もう1つは、何らかの原因によって感覚神経が傷害されて生じる痛みで「神経障害性疼痛」というものです。

後者の痛みは、傷のように外から見えないので、「年をとったら関節痛があっても仕方がない」「なんとなく痛むが、怪我ではないし、治療するものでもないだろう」などと思われてしまい、患者さん自身が病気と認識しないケースが少なくありません。

このようなケースを含め、神経の痛みの可能性がある人は、日本国内で慢性の痛みを抱える人のうち4人に1人いるという調査結果があります（2012年わが国における慢性疼痛および神経障害性疼痛に関する大規模調査より）。つまり、この疾患の可能性がある人は国内におよそ660万人以上いることになるのです。

神経の痛みという悩みを抱えているにもかかわらず、治療をあきらめてしまっている人たちがたくさんいる。そのような方々に医療機関を受診し適切な治療を受けられるようにするにはどうすればいいのか。ここが課題であると考えました。

慢性疼痛患者の治療における「問い」は何か

ここで社会デザイン発想によって、「問い」を立ててみましょう。

復習ですが、問いを立てるには、次のようなプロセスを踏みます。

①社会潮流を把握し、変化のキザシを見つける
②ひとりの声にも耳を傾ける
③企業が持つ力や意思を確認する
④未来を想定する

これら4つの要素から真に取り組むべき「キザシ・課題＝問い」を発見していきます。
さっそく、このプロジェクトにおける問いを考えていきましょう。

①社会の潮流として、患者さん中心の医療にシフトしていく中で、インフォームドコンセント（医師や看護師が病状や治療について十分な説明をして、患者さんが納得したうえで医療行為に合意すること）が重視されるようになった。医師による説明と患者さんの納得が不可欠だという意識が、社会全体で高まっていた。

②ひとりの声とは、患者さんの声のこと。慢性的な痛みを持つ人の多くは、「この痛みは医師にわかってもらえないだろう」「病院で診察してもらっても、本当に治るのだろうか」と治療をあきらめてしまっている。

③製薬会社は神経の痛みに関する治療薬を提供する企業の使命として、慢性的な痛みに悩む患者さんたちのQOL向上に寄与したいと考えていた。そのための社会環境づくりを強く望んでいた。

④そうした中で望まれる未来とは、慢性的な痛みを持つ患者さんたちが医療機関を受診し、医師とスムーズにコミュニケーションをとってもらうことである。

これらの状況を踏まえたうえで、真の課題（＝問い）とは何でしょうか。
私たちは、患者さんと医師の間に痛みを伝える共通の言語がないことだと考えました。それは、適正な診断を妨げたり、治療におけるゴールの共有が阻害されたりすることにつながっています。

問いを立てたら、この問いに対する「答え」すなわち新しい「あたりまえ」と、それを世の中に浸透させるコアアイディアである「最適解」を探ります。何に着目し、どのようにそれらを導いたのかを、次の項目で詳しくお話ししていきます。

＝問い＝ 社会的側面の課題
患者さん中心の医療へシフトしている。インフォームドコンセントなど、「説明と納得」が重視される流れがある。

＝問い＝ ひとりの声的側面の課題

慢性的な痛みを持つ患者さんが、治療をあきらめている。「医師に痛みをわかってもらえない」「治療に不満がある」などの声が上がっている。

＝問い＝ 真の課題

患者さんと医師が、適切にコミュニケーションをとれていない。その結果、適切な診断や治療に至らない。

ピリピリ、ジンジン、チクチク、見えない痛みをどう伝える？

神経の痛みは、けがによる痛みと違って目に見えないため、医師の対応は診察や問診が中心となります。必ずしもレントゲンを撮るわけではなく、患者さんが医師に症状を訴え、その内容をもとに診断されます。

患者さんが言葉で症状を伝えるということは、発する言葉によって医師側の判断に影響を与える可能性もある。となると、患者さんと医師が共有できる痛みの言語がないのではないだろうか。私たちは、ここが問題の本質だと考えました。

筆者自身も昔、突然おなかに鋭い痛みが走って動けなくなったことがあり、病院に電話をしたとき、今の症状をうまく伝えられなかった経験があります。電話口で「痛みを10段階にしたら、今はどのくらいですか？」と聞かれ、うまく答えられなかったのです。痛くて痛くて転がり回っているときに、ようやく「7くらい」と答えたのですが、こちらの切迫度と病院側の受け取り方の間に温度差を感じ、痛みをわかってもらえない辛さを実感しました。

症状を言葉で正確に伝えることは、非常に難しい。もし、皆さんが何らかの痛みを感じていて、家族にその症状を伝えようとするとしたら、どのように表現しますか？

「電気が走るような痛み」「針で刺されるような痛み」という比喩表現のほか、「ビリビリする痛みがある」「胸のあたりがチクチクする」などと伝えるのではないでしょうか。このように物事の状態や動きを表す擬態語（ビリビリ、チクチクなど）や、音を言葉で表した擬音語（ドカン、ガシャンなど）を総称して「オノマトペ」と言います。

なぜ痛みを伝えるときにオノマトペが使われるのかというと、単純に伝えやすいからです。特に日本人同士の場合、「共通認識としてわかってもらえる」と感じている人がたくさんいます。

また私たちは、何となく痛みの種類によって無意識にオノマトペを使い分けています。特に見えない感覚を共有する場合、聞き手である医師は、相手が無意識に表現する言葉から症状を把握しなければなりません。この**「痛みの種類によってオノマトペを使い分ける」というあたりに、コミュニケーションの課題を解決するヒントがある**のでは？と着目しました。ここが、今回のプロジェクトの発端です。

本プロジェクトにおいて、どのような「提唱」「巻込」がなされたか

では、社会デザイン発想から「提唱」を考えてみます。提唱とは、企業と社会の多数がともに目指す理想の社会、新しい「あたりまえ」です。先ほど立てた問いに対する「答え」に当たるものです。ここを構想したうえで、新しい「あたりまえ」を社会に浸透させていくための仕組みをデザインします。

理想の社会（＝答え）は、**慢性的な痛みを持つ患者さんが、医師と上手にコミュニケーションをとることができ、適切な治療を受けられる社会**です。

この答えを浸透させるには、患者さんと医師がコミュニケーションをとる中でどこに行

き違いがあるのか、伝わりにくいところがあるのかを明確にしなければなりません。そのうえで、両者における「共通言語」を提示することが必要です。私たちは、患者さんと医師の共通言語として、痛みを表現する「オノマトペ」が最適解のヒントになるのではないかと考えました。

では、この「痛みのオノマトペ」を、実際の医療現場で活用できるようにするためには、どうすればいいのでしょうか。

＝提唱＝　新しい「あたりまえ」を浸透させるプロセス

理想とする社会は、慢性的な痛みを持つ患者さんが、医師とスムーズにコミュニケーションをとることができて、適切な治療を受けられている状況。この理想を実際に社会に浸透させるためには、患者さんと医師のコミュニケーションギャップを明確にし、解決のヒントとして「共通言語＝オノマトペ」を提示する。

＝最適解＝　新しい「あたりまえ」を浸透させるコアアイディア

「見えない痛み」において、患者さんと医師の共通言語として、「痛みのオノマトペ」を開発。

産学協同プロジェクト「オノマトペラボ」発足

私たちは最初に、このプロジェクトの座組みを考え、「医療」と「言語」という異分野の専門家たちに協力を仰ぎました。

患者さんと医師のコミュニケーションにおいて、オノマトペによる痛みの表現を活用することは可能なのか。可能である場合、医療現場のコミュニケーションをスムーズにするために、どういった活用方法が有効なのか。医療と言語の可能性を見い出すために、専門家とともに調査や研究に着手する必要があると考えたのです。

そこで私たちは、協力していただく専門家を探し始めました。当然ながら医療領域と言語領域にはさまざまな研究があります。私たちは約7000の論文や文献を徹底的にリサーチしました。

そして医療領域からは、疼痛治療の第一人者である日本ペインクリニック学会の代表理事と、医療コミュニケーション研究を専門とする慶應義塾大学看護医療学部の教授に、言語領域では、国内随一の言語研究所である大学共同利用機関法人人間文化研究機構の国立国語研究所に協力していただくことになりました。

言語領域を専門とする国立国語研究所は、今まで民間と組んでプロジェクトを立ち上げたことはなかったそうです。「巻込」のポイントとなったのは、「大義」でした。**多くのステークホルダーとの共創につなげるために、どういった大義や未来を掲げるか。**ここを明確にすることが、ステークホルダーを巻き込む段階で重要となります。

私たちは、「疼痛を抱えているものの、医療機関を受診せず苦しみ続けている患者さんをサポートしたい」と、プロジェクトの意義について国立国語研究所に丁寧にお伝えしたところ、「協働しましょう」というお返事をいただきました。こうして、同研究所からは2名の言語専門家が参画してくださることになりました。

そのうち1名は、病院の言葉をわかりやすくする研究をしている先生です。例えば、「寛解」「誤嚥」「浸潤」などのわかりにくい言葉や、「潰瘍」「頓服」「炎症」などの意味が曖昧な言葉などを患者さんにスムーズに伝えるためにはどうすればいいかを追求しています。

もう1名は、方言オノマトペと震災医療を研究している先生です。東日本大震災では、患者さんと医療関係者との意思疎通が難しかったことが問題となりました。震災時に起こった医療における問題点を調査し、医療コミュニケーションで必要となる言語の整理と活用

図16　産学協同プロジェクト「オノマトペラボ」発足

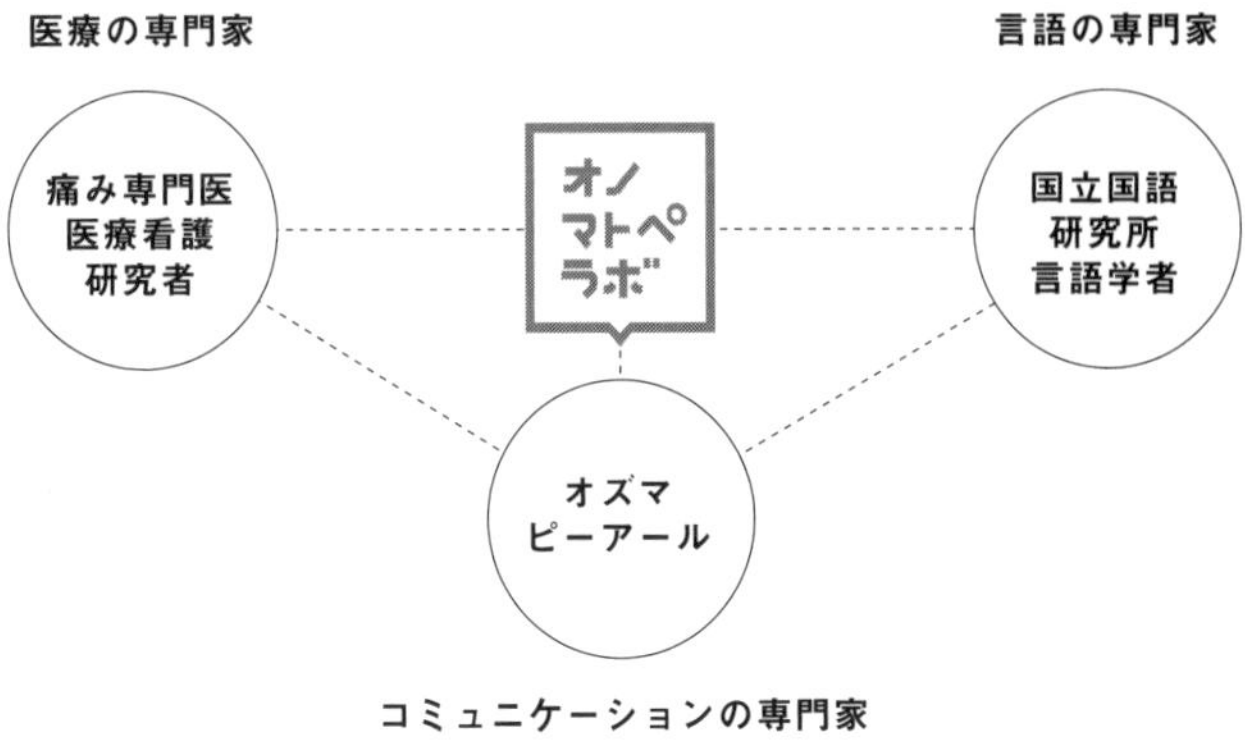

方法を研究しています。同時に、方言の保存保護活動も行っています。

さらにオノマトペ研究の第一人者である明治大学文学部で教授を務める先生にも声をかけました。日本語の歴史や意味の変化のほか、オノマトペの仕組みを研究している先生です。

こうして医療領域からは2名、言語領域からは3名の専門家（所属・肩書きは当時）に参画していただくことになり、**産学共同プロジェクト「オノマトペラボ」**が発足しました（図16）。

このプロセスは、社会デザイン発想における「巻込」の段階です。改めてポイントを整理します。

巻込とは、当事者の声を起点に、ともに世の中に問いかける仲間を見つけ、賛同の輪を次々と広げる仕組みです。ここでの仲間とは、**オノマトペラボに参加していただいた医療と言語の専門家の先生方**です。疼痛治療の権威、医療コミュニケーションの専門家、医療用語の専門家、オノマトペの研究者にご協力をいただきました。

ここで重要となるのが、**「大義」**です。専門家の先生にも共感していただけるゴールを提示しなければ、協力は望めません。そこで私たちは、「慢性的な見えない痛みを持つ患者さんと医師のコミュニケーションが円滑に行われるようになれば、患者さんの適切な治療につなげることができる」という共通のゴール、すなわち大義を提示しました。

専門家の皆さんは快諾してくださり、オノマトペラボが発足しました。ここでようやく私たちは、「痛みのオノマトペ」研究のスタートラインに着いたのです。

＝巻込＝ 共創し、賛同の輪を広げる仕組み

「慢性的な見えない痛みを持つ患者さんと医師のコミュニケーションが円滑に行われることで、患者さんは適切な治療を受けられ、患者さん本人も治療に満足できる」という共通のゴール（＝大義）を提示したことで、医療と言語の専門家からの協力が得られた。

「言語×医療」の可能性を見い出す調査・研究

オノマトペラボでは、医療と言語の可能性を追求する調査や研究を行いました。日本語には、およそ2万から3万のオノマトペが存在すると言われています。その中で、よく使われるオノマトペは約1390語。さらにそこから痛みを表現するオノマトペを徹底的に抽出する作業から始めました。

痛みのオノマトペを抽出したら、実際に痛みを持つ人がどのようにオノマトペで表現しているかを調査し、オノマトペと疾患のつながりを分析します。神経の痛みを持つ患者さん8183人に対して、「今感じている痛みを、オノマトペで表現してください」とアンケートをとったのです。このデータを、医療領域と言語領域の先生に監修していただきながら整理すると、図17のようになりました。

痛みの種類と疾患ごとに、痛みのオノマトペの出現割合順位をまとめました。例えば群発頭痛の場合、最も使われる痛みのオノマトペは、「ガンガン」、2番目は「ズキズキ」、3

図17　痛み方と「オノマトペ」のつながりを整理

痛みの種類	診断名	疾患別「オノマトペ」出現割合順位						
		1	2	3	4	5	6	7
侵害受容性疼痛（炎症による痛み）	群発頭痛	ガンガン	ズキズキ	ウズウズ	ズキンズキン	ズーン	ジンジン	ジクジク（6位と同率）
	片頭痛	ズキズキ	ガンガン	ズキンズキン	ジンジン	キリキリ	ウズウズ	ズーン
	緊張性頭痛	ズキズキ	ガンガン	ズキンズキン	ズーン	ジンジン	キリキリ	ジーン
	関節リウマチ	ズキズキ	ズキンズキン	ジンジン	ギシギシ	ウズウズ	ジクジク	キリキリ
	肩関節周囲炎	ズキズキ	ズキン	ジンジン	ゴリゴリ	ズキンズキン（4位と同率）	ギシギシ	ズーン
	変形性膝関節症	ズキズキ	ズキン	ギシギシ	ズキンズキン	ジンジン	ウズウズ	キリキリ
混合性疼痛（混合性の痛み）	術後疼痛	ズキズキ	ビリビリ	ジンジン	ズキンズキン	ズーン（4位と同率）	ピリピリ	ジーン（6位と同率）
	腰痛症	ズキズキ	ズーン	ジンジン	ズキンズキン	ズキン	ジーン	ギシギシ
	腰椎椎間板ヘルニア	ズキズキ	ズーン	ジンジン	ズキンズキン	ビリビリ	ズキン	ジーン
	脊柱管狭窄症	ズキズキ	ジンジン	ズキンズキン	ズーン	ジーン	ビリビリ	ズキン
神経障害性疼痛（神経による痛み）	坐骨神経痛	ズキズキ	ジンジン	ビリビリ	ズーン	ジーン	ズキンズキン	ズキン
	帯状疱疹後神経痛	チクチク	ズキズキ	ピリピリ	ズキンズキン	ビリビリ	ジンジン	キリキリ
	糖尿病性神経障害	ジンジン	ピリピリ	ビリビリ	チクチク	ズキズキ	ジーン	ウズウズ（6位と同率）
	頚椎症	ズキズキ	ズーン	ジンジン	ビリビリ	ゴリゴリ	ズキンズキン	ギシギシ
	脳卒中後疼痛	ジンジン	ピリピリ	ズキズキ（2位と同率）	ウズウズ	ジーン	ズキンズキン	ツンツン

番目は「ウズウズ」となりました。帯状疱疹後神経痛は、1番目に「チクチク」、2番目に「ズキズキ」、3番目に「ピリピリ」。つまり、「頭がガンガンする」「頭がズキズキと痛む」と言う患者さんがいたら群発頭痛、「右胸がチクチクする」「左の背中がズキズキ痛む」と言う患者さんは帯状疱疹後神経痛である可能性を示したのです。

このように疾患と痛みのオノマトペとの相関がわかると、痛みのオノマトペが見えない病気を診察する助けになります。患者さんと医師のコミュニケーションがスムーズになり、神経の痛みの治療がより適切なものになる可能性が高まるのです。ここが私たちの1つの到達点でした。

医療現場で活用してもらうため、情報を広げる

オノマトペと疾患の相関を発見することはできましたが、それだけでは不十分です。この情報を広げ、実際に医療現場で活用していただかなければ、課題は解決しません。

図18　情報の拡がりと医療現場での活用

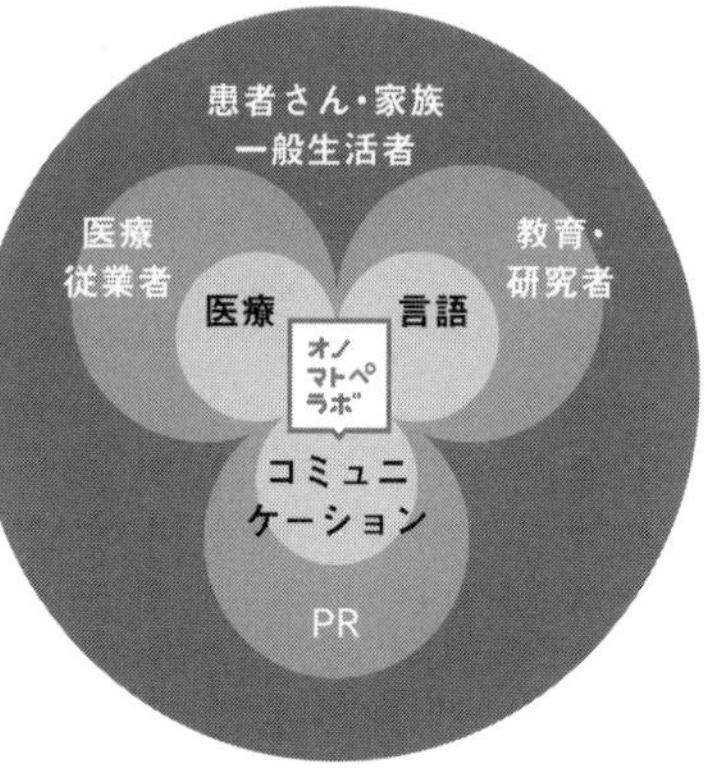

まず、オノマトペラボに参画している医療領域の先生方から医療従事者に向けて情報発信していただきました。同時に言語領域の先生方にも、教育領域の研究者の皆さんに拡散していただいたのです（図18）。

そして、オノマトペラボのサイト（現在はクローズ）を作成し、訪問者たちに向けて、どんな痛みがあるとどの疾患に罹っている可能性があるか、視覚的に学べるようなページを作りました（図19）。

こうした取り組みが奏功して、多くのメディアの関心を集めることに成功しました。その結果、神経の痛みを持つ患者さんがなかなか医療機関を受診しないという課題のみならず、その解決策の1つとしてオノマトペラ

図19　オノマトペラボのウェブサイト

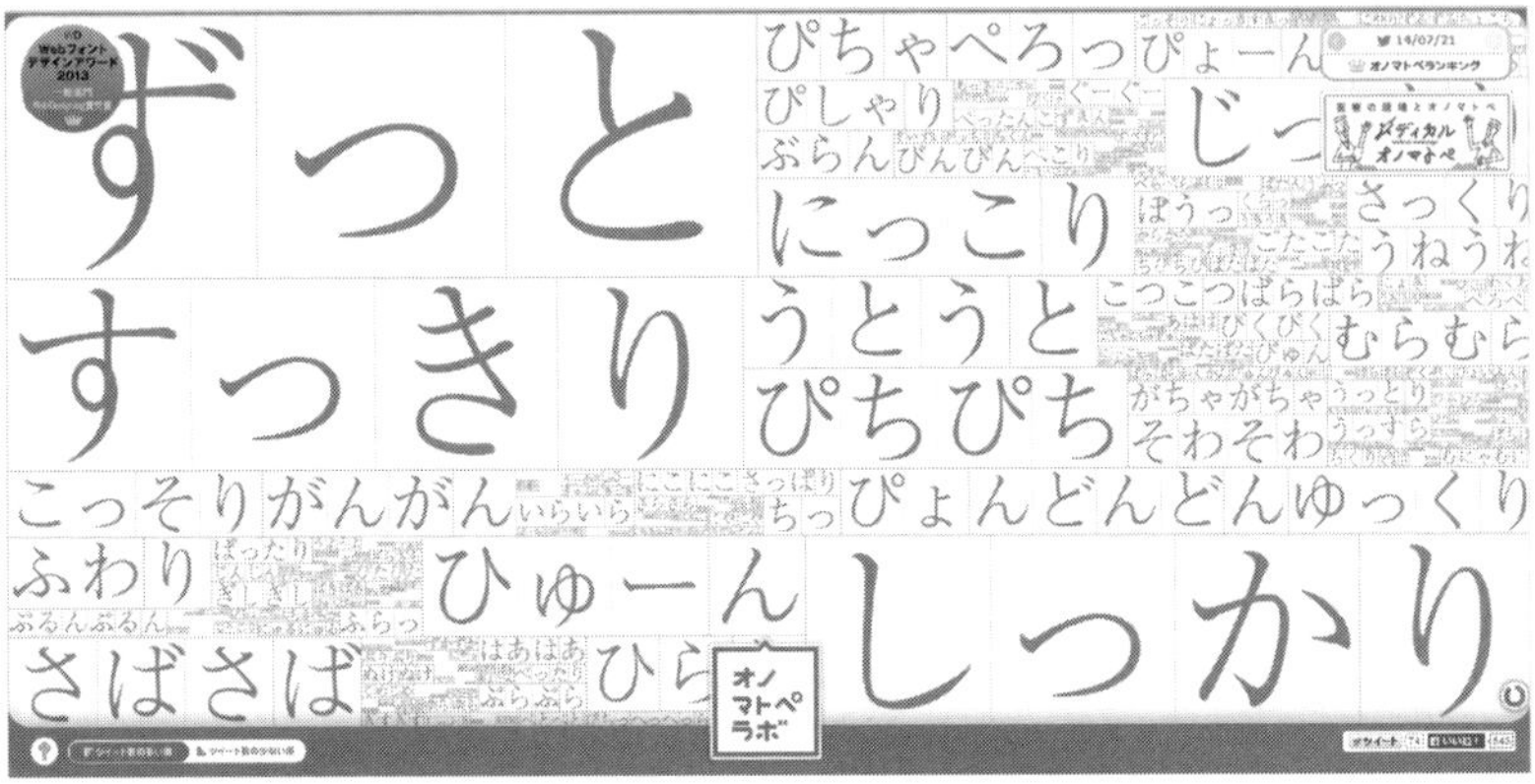

ボという取り組みがあるということが、多くの新聞で報じられたのです。

医療現場でのさらなる広がり

私たちの一連の取り組みは、社会からどのような反応が得られたのでしょうか。

まず、「炎症による痛み『侵害受容性疼痛』と、感覚神経による痛み『神経障害性疼痛』の2種類の痛みがある」という認知が大幅に上がりました。神経性の痛みの認知率は、活動開始時は27・1％だったのが、1年後には84・4％まで上昇したのです（2012年「長く続く痛みに関する意識調査」、2013年「慢性疼痛に対する患者と医師の意識比較調査」より）。

最終的には、神経の痛みで受診する患者さんの数も、活動開始時には26万人だったのが、1年後には年間195万人まで増加しました（2012年「長く続く痛みに関する意識調査」、2013年「慢性疼痛に対する患者と医師の意識比較調査」より）。

さらに、見えない痛みを持つ人たちに向けてアンケート調査（2013年「慢性疼痛に対する患者と医師の意識比較調査」）を実施したところ、次のようなことがわかりました。以前は、「医師や看護師に痛みをうまく説明できなかった」と回答していた人が74・7％いました。それが1年後には、医師に痛みを伝えるときにオノマトペを使う人は82・8％、それによって医師や看護師に痛みが伝わったと実感した人は80・7％となり、オノマトペが患者さんと医師のコミュニケーションに役立っている様子がわかりました。

この取り組みは、医療現場でもさらなる広がりを見せました。

まずは、専門家によるオノマトペ研究が進み始めたことです。オノマトペラボに関わった国立国語研究所の先生たちが、「痛みの伝達におけるオノマトペ」について論文にしました。日本皮膚科学会の医師たちも、神経障害性疼痛のうち帯状疱疹という病の症状を伝達するためのオノマトペ表現について、独自に研究を始めました。こうした研究によって、ますますオノマトペによる医療コミュニケーションが広がると共に、伝達の精度が高まっていくのではないかと期待しています。

それから、実際に医療現場でオノマトペを活用していただくため、痛みの種類によって異なるオノマトペについて説明するツールを医療機関に提供し、理解を深めた専門医や医療機関が増えていきました。

東北にある大学の医学部では、患者さんの症状を理解するためにオノマトペによるコミュニケーションが有効だとして、授業に導入していただきました。これから医療現場に出て行く医師たちがオノマトペによる医療コミュニケーションを習得すれば、今後の治療がよりスムーズになっていくと予測されます。

課題を発見し、問いかけ、社会に変化を起こす——「喚起」

最後に社会デザイン発想の「喚起」をまとめます。喚起とは、新しい「あたりまえ」が社会の多くの人たちから共感されるかを問うために、社会に議論を起こすことです。

新しい「あたりまえ」とは、痛みのオノマトペが世の中に浸透し、慢性的な痛みを持つ患者さんと医師のコミュニケーションがスムーズに行われるようになることでした。今、痛みのオノマトペが医療現場で理解されるようになり、医療コミュニケーションに役立てられています。

さらには、医療の専門家たちの間でオノマトペ研究が独自に進められるようになりました。国立国語研究所が論文にしたり、日本皮膚科学会の医師たちが帯状疱疹の症状を伝えるためのオノマトペ研究を始めたりするなど、議論が自発的に深まっています。東北にある大学の医学部でも、医療コミュニケーションの一環としてオノマトペの講義が導入されました。

こうして痛みのオノマトペは、着実に世の中に浸透していきました。これからも患者さんと医師のコミュニケーションがますますスムーズになり、痛みに苦しむ患者さんが１人でも減っていくことを望んでいます。

このように私たちは、見えない痛みというなかなか言語化しにくい感覚をどのように共有するかという課題に対して、患者さんと医師が同じ感覚で理解しやすい「オノマトペ」が有効なのではないかと注目しました。そこで医療と言語の専門家に協力してもらうことで、実際にオノマトペで痛みの種類がわかるという事実を顕在化させました。さらにアカデミックにも証明したことで、医療現場で活用できる手応えを感じました。

今回のプロジェクトにおける私たちのＰＲ活動は、「痛みを抱える患者さんに『この症状は神経の痛みかもしれない』と気づいてもらい、受診のきっかけをつくる」ことがゴールでした。さらにもう一歩先のゴールとして、痛みのオノマトペの理解を専門医と医療機関で深めることで、実際に医療現場で役立てていただくところまで進められました。

医療コミュニケーションの〝むずむず〟を〝しっくり〟にしたことが、今回のプロジェクトで答えを導き出すことができた大きなポイントです。

＊＊＊

私たちPR会社の仕事は、クライアントが伝えたいメッセージを社会に広く発信していくことではありますが、もう1つ目指していることがあります。パブリック・リレーションズの力、つまり**課題を発見し、問いかけ、多様な価値観の中で合意に導いていく力によって、社会に少なからず変化をもたらし、さまざまな課題解決の一端となること**です。まさにこれが社会デザイン発想にあたるわけですが、今回のオノマトペラボというプロジェクトでも、「痛みをもつ患者さんと医療従事者のコミュニケーションの円滑化が真の課題ではないか」という気づきを得たことがブレイクスルーのきっかけとなり、「痛みのオノマトペ」を開発するという最適解を導くことができました。最終的には、医療現場で実際にオノマトペが活用されるという新しい「あたりまえ」を創り出せた。ここが、オノマトペラボ・プロジェクトの真のゴールだと思います。

＝喚起＝ 社会的議論喚起

「オノマトペラボ」での情報発信によって、多くの人の気づきを促した。また、医療現場で「痛みのオノマトペ」が活用され、医療コミュニケーションが円滑になるという新しい「あたりまえ」が実現しつつある。

喚起の結果、国立国語研究所で論文化が進んだり、日本皮膚科学会の医師たちが帯状疱疹の症状を伝えるためのオノマトペ研究を始めたりというように、議論が自発的に広まっている。

図20　社会デザイン設計図（1）【オノマトペラボ】

課題	▶	慢性疼痛患者の多さと QOL低下による社会的損失
最適解	▶	「見えない痛み」の患者さんと医師の間の 共通言語として 「痛みのオノマトペ」を開発
経済的価値 / 社会的価値	▶	見えない痛み 「神経障害性疼痛」 受診患者数が26万人 から195万人に / 論文化や大学授業の 採用など、自主的な 取り組み広がる

図21　社会デザイン設計図（2）【オノマトペラボ】

問い

患者さんの治療満足度が低い場合、症状そのものの改善度合もあるが、治療のゴール設定にギャップがあるのでは？

提唱

患者さんと医師の間のコミュニケーションを改善する（つらさの共感とゴールの共有）

巻込

「言語で医療問題に貢献する」大義で言語領域識者の、「患者さんの治療満足度を上げる」大義で医師および医療コミュニケーション領域識者の、それぞれ協力・巻き込み

「オノマトペラボ」という仕組みの立ち上げ

喚起

「オノマトペラボ」名義での情報発信

診察ツールへの反映

大学の授業取り入れなどの社会的反響

第5章

茶山台団地再生プロジェクト

住民との共創で団地の課題を解決

住民の高齢化が進み、団地の課題が顕在化した

1950年代後半から1970年代前半までの高度経済成長期に、日本の豊かな生活を象徴していた「団地」。地方から都市部に移り住む労働者が急増したことから、日本各地に建設された集合住宅です。ダイニングキッチンや水洗トイレなど、当時としては最新の設備が整った「あこがれの住まい」として人気を集めていました。

しかし時は流れ、日本は大きな転換期を迎えます。1997年に子どもの数が高齢者人口よりも少なくなり、少子社会に転じたのです。この傾向はますます加速し、少子高齢化は最も深刻な社会問題の1つになっています。

それに伴い日本各地の住宅も影響を受けていきます。特に団地では、親世代が高齢になったうえに子どもが独立して家を出ていく世帯が多く、住民の高齢化と人口減少が加速しました。建物の老朽化も重なり、今、持続的な団地の運営が非常に困難な状況となっています。

プロジェクトの舞台は、大阪府堺市の「泉北ニュータウン」の一角にある賃貸住宅「茶

茶山台団地

山台団地」です。最寄り駅からなだらかな坂道を約10分歩くと白色が基調の5階建ての建物が約30棟、きれいに立ち並んでいます。高層棟がなく、建物同士の間隔も十分に空けられているために空が広く感じられ、ゆとりのある敷地が特徴的です。春にはウグイスと桜、秋にはイチョウの紅葉を楽しむことができ、四季を感じさせる豊かな自然環境が自慢の団地でもあります。

１９７１年に団地が完成して以来、約１０００戸の住宅は常に満室に近い入居率を維持してきましたが、２０００年後半から入居率が下がり始めました。若者離れが進み、２０１５年には団地の契約者の半数近くが65歳以上を占め（入居者数では3割程度）、約１５０戸が空き家となるまでに住民が減少しました。

泉北ニュータウン全体でも、最盛期には16万5０００人を数えた人口が約12万人まで減少。地域の活気が失われ、茶山台団地の近くにあったスーパーも閉店して買い物難民が発生するなど、生活環境が悪化していくという負の連鎖に陥っていました。

「このままではニュータウン全体が衰退してしまう。何とか茶山台団地の再生を通じて、まち全体の賑わいを取り戻せないだろうか」。大阪府住宅供給公社（以下公社）は、２０１５年度に茶山台団地を団地再生の「リーディングプロジェクト団地」と位置づけ、課題解決に動き出しました。

団地再生においては、広報機能の強化も重要と考えた公社は２０１６年度に企画・広報グループを新たに設置。私たちオズマピーアールは、２０１７年度から支援事業者としてパートナーに加わりました。そして公社の本格的な広報機能の立ち上げと自走化を支援する業務の一環で、茶山台団地の広報・ブランディングもサポートしてきました。

住民とのコミュニケーションを重視する共創型インナーリレーションズの構築「茶山台としょかん」

茶山台としょかん

公社は対症療法的なものではなく、中長期的に団地を活性化させていくことが団地再生には必要だと考えていました。そこで**住民とのインナーリレーションズ（組織や一緒に取り組むメンバー内のコミュニケーション）を重視する共創型のコミュニケーションに地道に取り組んでいきました。**

まちづくりの担い手は、あくまでも住民たちと位置づけ、公社は課題解決を実現するためのパートナーという役割を担い、住民を支えます。住民が主体となることで、団地再生の取り組みを中長期的な視点で進めていったのです。

住民を主体に据えるといっても、まずは公社としてどのように団地を変えていきたいかを考えることが重要です。２０１５年に、公社で創立50周年をきっかけに全職員が参加するワークショップが行われました。ここでは未来の団地の在り方が議論され、最終的には50あまりの具体的なアイデアが登場しました。

公社の団地再生チームが最初に着手したのは、「茶山台としょかん」。ほとんど利用されていなかった集会所を持ち寄り型の図書館・交流拠点として活用する取り組みです。

茶山台としょかんは、マイクロライブラリーとしての機能はもちろん、住民が気軽に集まることで対話が生まれ、コミュニティが創出され、団地再生に不可欠な課題・ニーズの把握につながるという「課題発見の場」という役割も担っていました。茶山台団地には「としょ係」として図書館の運営を行う受託事業者が実際に住み、立ち寄った住民との交流の中で自然にニーズを把握します。まさにこの場所は、**団地再生の源となる「再生基地」**でした。

誰もが気軽に立ち寄れる図書館を活用することで、**受託事業者を通じて公社と住民が課題解決のパートナーとしての立場で中長期的に交流し、本当の困りごとを話し合えるような関係の構築を目指しました。**

茶山台としょかんには、まず学校帰りの子どもたちが集まってくれるようになりました。

団地内ウェディング

そして、その親や友人など、若い世代の入居者が集う場になり始めました。茶山台としょかんに集った人びとが、次第に団地再生の担い手となるサイクルが生まれていったのです。

何気ない対話の中で住民のリアルな困りごとや要望を知り、少しずつ信頼関係を築きながら、公社や事業者とともに課題解決に取り組む「共創体制」を整える。**サービスを受けるだけではなく、団地再生に向けて共に取り組むパートナーとして住民を巻き込むことが真のねらい**でした。住民が主役になれば、コミュニティの中長期的な活性化にもつながります。

茶山台としょかんでの対話をきっかけにし

て、「流しそうめん大会」「巨大紙相撲大会」などのさまざまな交流イベントが実現しました。特に盛り上がりを見せたのが、「団地内ウェディング」です。

茶山台としょかんの立ち上げから関わっていた第1期目の「としょ係」は、ご夫婦で茶山台団地に入居していました。お二人は結婚式を挙げていなかったそうで、話を聞いた住民たちが、「じゃあ、みんなで結婚式を挙げよう」と自発的に企画したのです。すると、なんと約150人もの参加者が集まりました。

このイベントは、サポート役である公社と、まちづくりの担い手である住民たちとの間で一体感がより生まれた転換点でした。以降、住民主体の団地再生の取り組みがさまざまな展開を見せるようになるのです。

茶山台団地における「問い」は何か

私たちオズマピーアールは支援事業者として主にPR業務を担当しましたが、戦略を立案するにあたって、社会デザイン発想のフレームに沿って、まずは「問い」を立ててみました。

社会的背景を振り返ると、高度経済成長期に都市部で住宅を確保するため、全国各地に団地が数多く建てられました。茶山台団地のある泉北ニュータウンも最盛期は16万5000人もの住民で賑わっていましたが、前述のとおり徐々に減少の一途をたどり、住民の数は12万人まで減ってしまいました。

茶山台団地も住民減少が進み、高齢化が問題になりました。近隣のスーパーも撤退、団地内コミュニティも若手の担い手が不足し、活気が失われていきました。

より深く住民の困りごとやニーズを理解するために茶山台としょかんをつくり、住民と直接対話し、困りごとや悩みを聞く中で、本質的な課題が見えてきました。家族が増えて部屋が手狭になってきたり、老朽化によって住みにくくなってきたりと、**団地という住居そのものが人に合わなくなってきていた**のです。

そこで見えてきた問いは、**「人が住まいに合わせる団地の画一性こそが、課題の根源ではないか？」**ということです。

では、この問いに対して、公社はどのような施策を打ち出していったのでしょうか。

〓問い〓 **真に取り組むべき課題**

人が住まいに合わせる団地の画一性こそが、課題の根源ではないか？

〓問い〓 **ひとりの声的側面の課題**

ライフスタイルの変化によって住居が手狭になったので、広い住居に住みたい。

部屋が経年劣化してきたので、新しい部屋に住みたい。

住民が高齢化してきて、団地内コミュニティの若い担い手が減ってきた。

「独自の団地再生の方程式」で導くユニークな施策

住民の困りごとや要望に応える公社独自の施策は、図22に示した方程式で整理することができます。

茶山台としょかんでの住民との対話でわかった「リアルな課題やニーズ」をもとに、これまでの賃貸住宅の慣習に捉われないクリエイティブなアイデアと掛け合わせて、独自の解決策を生み出すのです。この方程式から打ち出された施策を見ていきましょう。

図22　独自の団地再生の方程式

対話の中で得た
住民のリアルな課題・ニーズ
×
賃貸住宅の慣習上
非常識なアイデア
＝
独自の解決策

丘の上の惣菜屋さん「やまわけキッチン」
DIY工房「DIYのいえ」
「ニコイチ」

丘の上の惣菜屋さん「やまわけキッチン」

茶山台としょかんで住民の皆さんから話を聞くと、「地域のスーパーが撤退して、買い物できるお店が遠くなってしまった」「体が弱って、買い物に行けなくて困っている」「もっと近所の人たちと交流できる場所が欲しい」という声がありました。

こうした要望を受け、茶山台としょかんで第2期目の「としょ係」をしていた若手住民の一部が、図書館から少し歩いたところにある空き部屋を活用してイートイン可能の惣菜店を企画しました。週に数回イートインと惣菜販売の営業を行い、住民に気軽に立ち寄ってもらえるような場にして、惣菜以外にも地域の野菜や手作りお菓子も販売し、商品の幅を広げます。

発想は空き部屋や空きスペースの活用でしたが、法令上の問題があり、実現までは一筋縄ではいきませんでした。しかしパートナー事業者である第2期「としょ係」の尽力により、さまざまな課題を解決しながら進めていきました。

資金はクラウドファンディングで調達し、金銭面の初期負担をできる限り抑えました。内装作業も延べ180人の団地住民や近隣住民が参加するDIYで作りあげるなど、住民・公社をはじめとしたステークホルダーが一体になりながら形にしていきました。

また住宅を建てるときは、「住居として使う」という建築確認をとったうえで住宅用の機能や設備を設けます。それを用途変更するとなると、避難経路や換気設備、消防設備などの安全基準や環境対策の面で飲食店の基準に合わせて、安全な建物であると証明しなければなりません。この点は公社の建築・設備関係の職員の尽力で、課題を解決していきました。

こうして2018年11月、惣菜屋「やまわけキッチン」がオープンしました。リピーターも増え、子どもから高齢者まで住民が気軽に集える場所として現在も賑わっています。

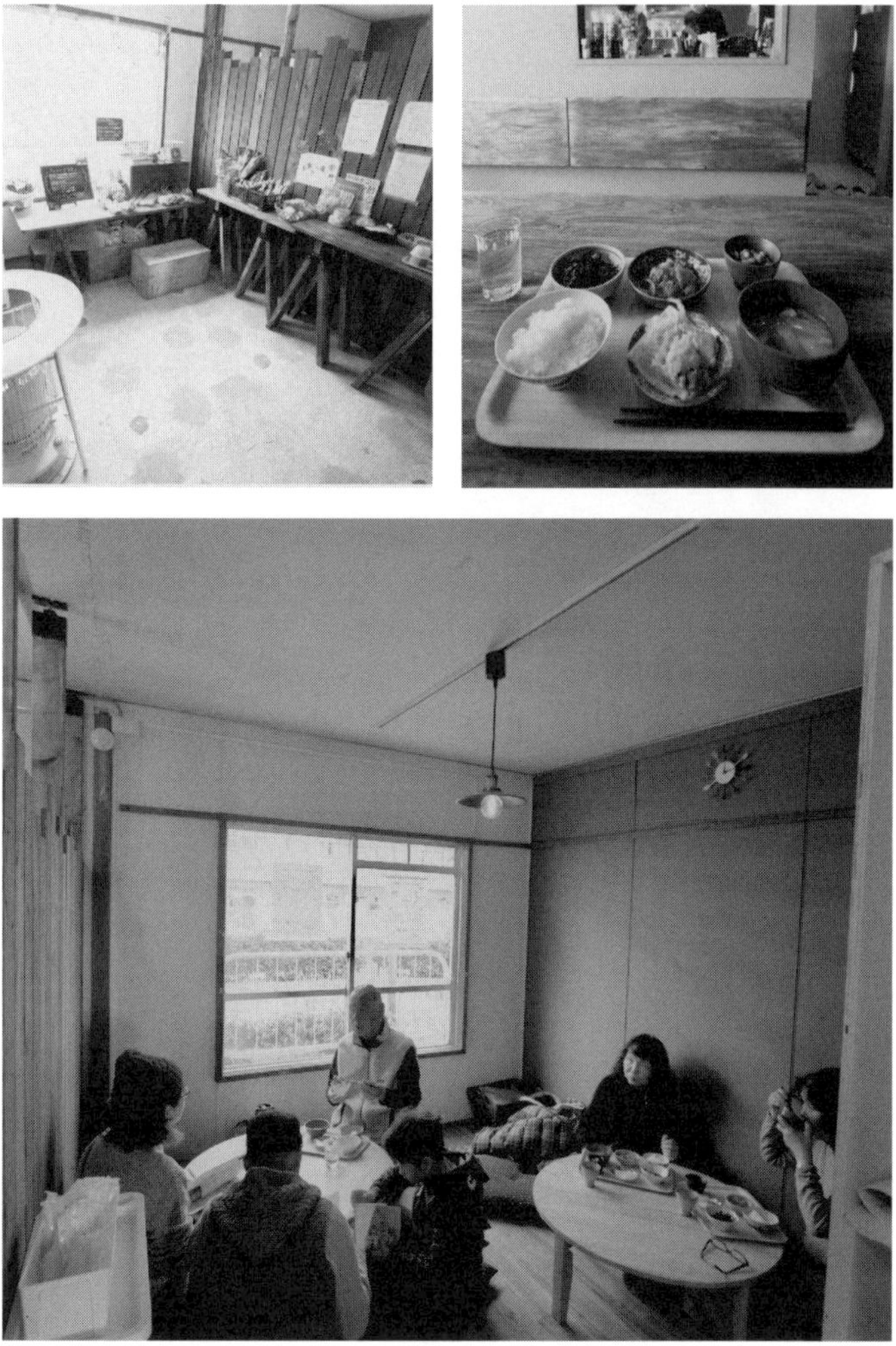

やまわけキッチン

実際に「やまわけキッチン」を利用した住民からは、次のような声が寄せられました。

「やまわけキッチンのDIYでは、みんな慣れていなくて手つきがぎこちなかったので、もどかしくてつい『何か手伝いますか？』と声をかけ、自然に手伝っていました。若い人たちが一生懸命やっているから、昔からここに住んでいる私たちがやらないわけにはいかない。大変だけど楽しかったです」

「私は一人暮らしですが、やまわけキッチンが開いている日は近所の友だちと待ち合わせをして、食事しています。とても楽しみですね」

「先日は、老人会のお弁当を作ってもらいました。知り合いがいると、それにつられてやまわけキッチンに立ち寄る人もいます」

この取り組みは、**買い物難民や高齢者の孤食などの社会課題を解決する取り組みとしても注目を集めています。「空き住戸を惣菜屋さんにする」という常識に捉われない発想がコミュニティを生んだ事例と言える**でしょう。

DIY工房「DIYのいえ」

「壁の色を塗り替えたり棚を取り付けたりして、部屋を自分らしくしたい」
「長い間住み続けているから、部屋が経年劣化している」

茶山台としょかんでの住民との対話の中で、このような声が上がっていました。住まいを探している人たちからも、「団地は古いタイプの住戸なので、住みたいとは思わない」という意見がありました。

住民や住まいを探す人たちのニーズに応えるためにすべての住戸をリノベーションすると、膨大なコストがかかってしまいます。でも、自由にＤＩＹできるようにすれば、低コストでより暮らしやすくカスタマイズすることが可能となり、住戸への愛着も湧くことが期待できます。長年生活をする中で経年劣化した部屋も、各自の予算に合わせて手直しすることができます。さらにはＤＩＹ好きな若者を集めることもできるかもしれない。

このような背景を踏まえて、茶山台団地の約１０００戸の**全住戸を対象に含む「つくろう家（旧称：団地カスタマイズ）」という制度を適用し、一定のルールのもとでＤＩＹできるようにした**のです。

退去時の原状回復の際に手間がかかったりトラブルにつながったりすることもあるため、賃貸住宅におけるＤＩＹは一般的には禁止されています。しかし、ルールをしっかり定めることで、誰もが安心して自由にＤＩＹできる制度を整えました。

しかし、「ＤＩＹができます」と住民に伝えたところで、多くの住民はやり方がわかりません。そこで茶山台団地の中にサポート拠点としてＤＩＹ工房『ＤＩＹのいえ』を２０１９年に設置。ＤＩＹの道具や材料をそろえ、インストラクターや技能を持つ住民がレクチャーする場を用意したのです。

好評だったのは、ＤＩＹ初心者向けのワークショップの定期開催です。ここではＤＩＹを指導できる住民が活躍し、ＤＩＹを通じたコミュニティの形成に発展しました。

また今回の取り組みの特徴として、新しい入居者だけでなく既に入居している住民も利用可能な点も挙げられます。オズマピーアールも、公社の賃貸住宅でできるＤＩＹのルールを整理したガイドムービーの制作やモデルケースとなる住民の方々への取材によるオウンドメディア（企業や団体が保有するメディア）の記事制作などに携わりました。

「つくろう家（旧称：団地カスタマイズ）」は、『自分もＤＩＹをやってみようかな』『できるか

ＤＩＹのいえ（オープン当時の様子）

もしれない』という認識を広げ、関わりしろや余白をつくって住民を自発的に巻き込んでいくことが非常に重要でした。

長年にわたるインナーリレーションズの結果として、入居者の方々のＤＩＹの活用がじわじわと広がり、このＤＩＹを活用した方々の発信も相まって、ＤＩＹ可という条件が決め手になることも増え、若年層をはじめとした新規入居者の増加にもつながっていったのです。

実際にＤＩＹを行った入居者からは、次のような声が上がりました。

「ＤＩＹはわずかな隙間を活用したり、家にぴったりの家具を作ったりすることができる。愛着も湧く」

「テーブルや床のデザインを見ると、ＤＩＹのシーンが頭に浮かび、感慨深い」

「思っていた以上にＤＩＹの作業に時間がかかったが、その分愛着も深くなって、もう引っ越せないかもしれない」

リノベーション住戸「ニコイチ」

入居者からは、「子どもができると手狭になって暮らしにくい」「狭くてオシャレな暮らしができない」といった声も寄せられていました。

茶山台団地の間取りは、45平方メートルの3DKタイプがメインです。狭い空間をできる限り広く有効に使えるように、2つの住戸を1つにつなぎ合わせるというアイデアを打ち出しました。隣り合う2つの住戸をつなぐと、約90平方メートルの住戸スペースが生まれます。住民のライフスタイルの変化に沿って、さまざまなライフスタイルを提案するプランを実現しました。

内装デザインは「子育て世代が暮らしやすい家」など年度によって異なるテーマとして若手の建築デザイナーなどから公募し、スタイリッシュな部屋を目指しました。さまざまなアイデアから生まれたのは「2つのリビングを持つ家」「通り庭・サンルーム・ガレージがある家」などといった、ライフスタイル提案型のユニークな住戸プランです。入居申込の応募倍率が最高で11倍になるほどの人気を集めました。

「ニコイチ」のリノベーションには、いくつかの種類があります。

例えば、隣り合う2住戸が住戸内や玄関とバルコニーでつながる、横つながりの「ヨコ

ニコイチの室内

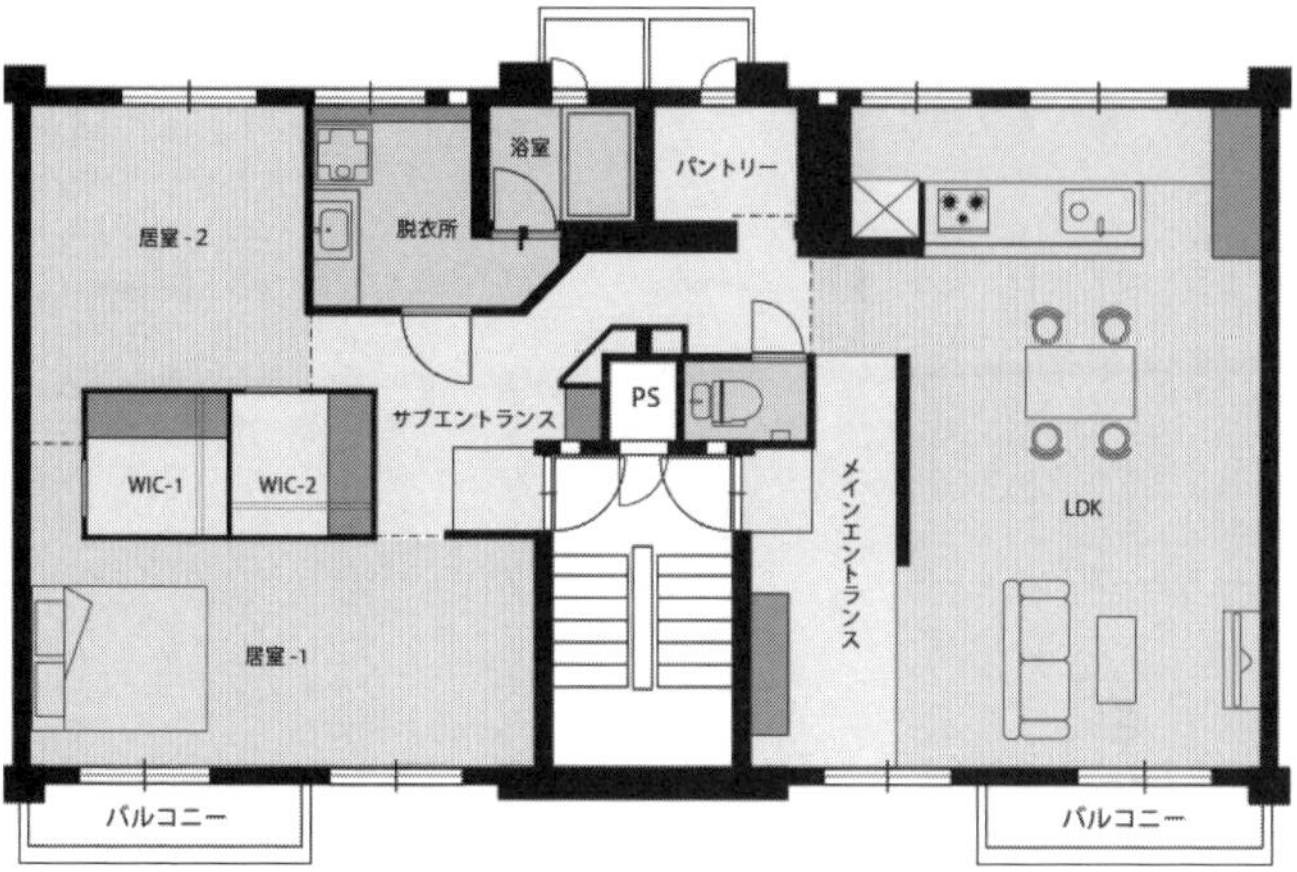

ヨコニコイチの間取り

タテニコイチの間取り

ニコイチ」。中央の部屋は、キッチンや家族が集まれるスペースにしています。周囲は子ども部屋やワークスペースなどに囲まれていて、さまざまな用途に使えます。

もう1つは、上下2住戸をつなげる縦つながりの「タテニコイチ」。共用階段を使って上下階を行き来しながら使える部屋です。食事や風呂などの生活空間は下の階、仕事をする空間は上の階というように、上下階を行き来することで生活のリズムにメリハリを持たせることができます。

ほかにもさまざまなライフスタイルに合わせた新しい住戸が生まれています。

ニコイチの取り組みで特徴的だったのは、**ステークホルダーを巻き込んでつくりあげたという点**です。

内装の公募をコンペ形式にして、設計会社等の方々から自由な提案を募り、創意工夫に富んだプランをつくりあげました。子育て世代や若い世代に住み続けてもらうためにさまざまなアイデアを集め、複数のユニークなプランを実現したのです。このように持続的に多くの人を巻き込んでつくりあげたことが秀逸なプランとなり、後に話題化にも大きくつながっていきます。

この取り組みは、茶山台団地のコミュニティ形成において大きな好影響をもたらしました。ニコイチに入居した子育て世代の住民が、茶山台としょかんや、やまわけキッチンの運営スタッフとして活躍するようになり、団地再生の担い手として中心的な役割を果たすことになったのです。

茶山台団地において、どのような「提唱」「巻込」がなされたか

こうした活動を私たちオズマピーアールでは、社会デザイン発想により、どのように「提唱」や「巻込」を導き出したかを検証し、位置づけを行いました。

まずこのプロジェクトにおいて、問いの答えを浸透させるプロセス「提唱」とはどんなものでしょうか。

ここでは「人が住まいに合わせる団地の画一性こそが、課題の根源ではないか？」が問いでした。その課題に対して、次のような姿勢で解決に取り組んでいきました。

「これからは、住まい（団地）が人に合わせる。または集合住宅として多様性を受け入れる。

こうして優しい解決策を共につくり、持続的なまちづくりを実現していこう
「常識の枠を外して、住民と共に〝人に合わせる住宅づくり〟の施策を考え、創り出していこう」

こうして生まれたのが、住戸のDIYを可能にする「つくろう家（旧称：団地カスタマイズ）」「DIYのいえ」、2部屋をつなげて生活スタイルを提案する「ニコイチ」、集合住宅の一室にコミュニティの場を提供し、居住者に活用してもらうアイデア「やまわけキッチン」などの取り組みです。住民や公社はパートナー事業者と共に課題解決に取り組む関係を長期的なスパンで構築していきました。

続いて、共に世の中に問いかける仲間を見つけ、賛同の輪が広がる仕掛け「巻込」はどうでしょうか。

提唱でお話ししたさまざまな施策は、いずれも住民が参画する余白・関わりしろが存在しています。公社はあくまでも団地再生のコーディネーター役であり、まちづくりの主役は「住民」であることが徹底されています。

〓提唱〓 新しい「あたりまえ」を浸透させるプロセス

「住まい（団地）が人に合わせる。また、集合住宅として多様性を受け入れる。優しい解決策を共につくり、持続的なまちづくりを行う」という新しい「あたりまえ」を提唱。その施策として、住戸のDIYを可能にする「つくろう家（旧称：団地カスタマイズ）」や「DIYのいえ」、2部屋をつなげて新しい生活スタイルを提案する「ニコイチ」、丘の上の惣菜屋さん「やまわけキッチン」などの取り組みを打ち出した。

〓巻込〓 共創し、賛同の輪を広げる仕組み

それぞれの施策に、住民が参画する余白や関わりしろをつくった。公社や事業者はあくまでも団地再生プロジェクトのコーディネーター役であり、まちづくりの主役は「住民」という意識で取り組んだ。

〓最適解〓 新しい「あたりまえ」を浸透させる仕組み

同一規格の集合住宅の「あたりまえ」を打ち破る。「住まいが人に合わせる」団地をつくる。

社会課題にのせ、先駆的事例として話題に――「喚起」

ここから社会デザイン発想における最後の要素、新しい「あたりまえ」が社会の多くの人たちに共感されるかを問う「喚起」の面からこのプロジェクトを紐解いていきます。

茶山台団地再生プロジェクトは、全国的な社会課題解決における先駆的事例として新聞やテレビで大きく報じられました。なぜ、多くのアーンドメディア（有料広告ではなく、第三者が報道やクチコミとして発信する媒体）がこの取り組みを取り上げたのでしょうか。

茶山台団地再生プロジェクトにオズマピーアールが関わり始めた際、私たちは、**大規模ニュータウンや団地は、将来日本で顕在化する課題が集積している「社会課題の最先端」にあり、再生の取り組みを実現できたら、「社会課題〝解決〟の先進地」としての評価を得られる可能性が高い**と捉えていました。

「やまわけキッチン」や「茶山台としょかん」「ＤＩＹのいえ」をはじめとした取り組みが、買い物難民や孤食、住宅問題、少子高齢化によるコミュニティの希薄化といった社会課題

図23　全国的な社会課題にのせ、
先駆的事例として全国話題化

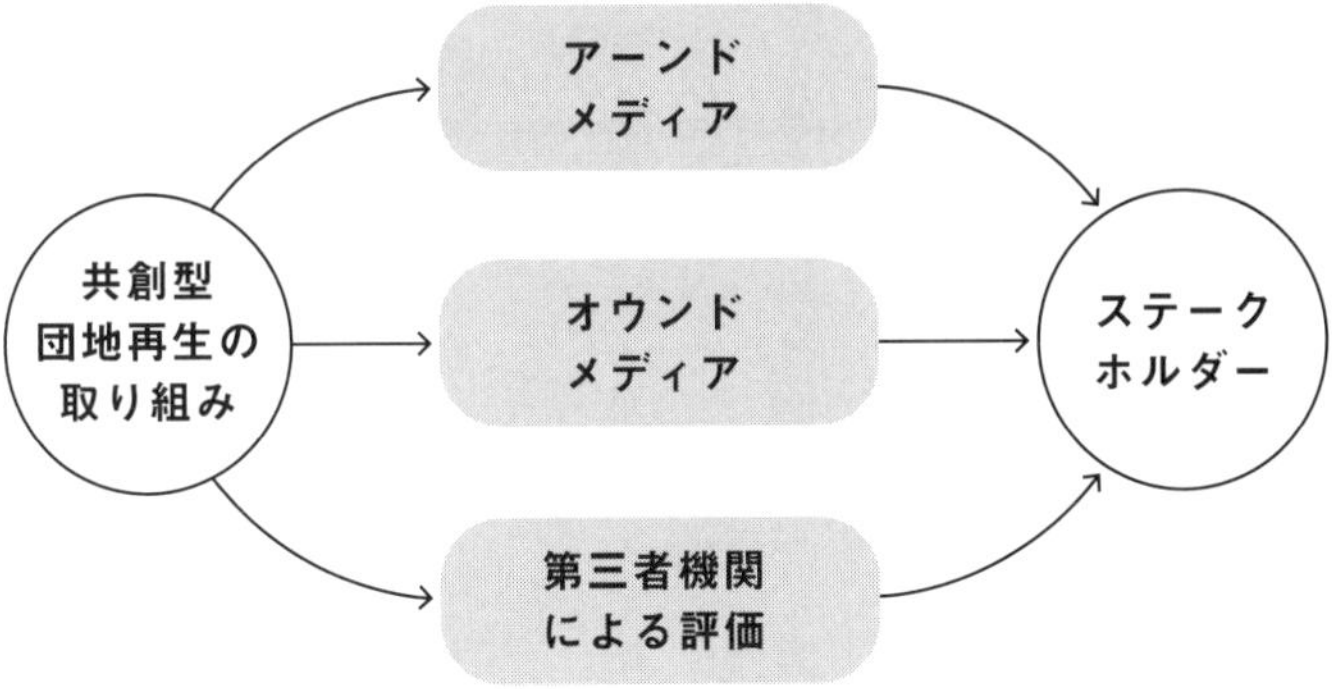

の解決につながっていること。茶山台団地の課題は日本の課題であり、単に住民の生の声やニーズに応えたグッドソリューションに留まらないことなのだと、当事者にも当事者以外にも捉えてもらい、社会につないで評価される流れをつくる。社会に新しい潮流が生まれていく。そんな未来を見据えた社会に問いを投げかけるようなコミュニケーションを設計していきました。

その結果、茶山台団地再生プロジェクトはさまざまなメディアでの露出のほか、ＰＲアワードグランプリ、ACC TOKYO CREATIVITY AWARDSといった第三者機関での評価も獲得しました。茶山台団地再生プロジェクトの認知獲得に留まらず、大阪府住宅供給公社の企業価値向上につなげていったのです。

このように**全国的な社会課題にのせ、アーンドメディア、オウンドメディア、第三者機関による評価などさまざまなメディアを駆使して情報発信をしたことが、話題化成功のポイントだった**と言えます（図23）。

プロジェクトの成果は予想を上回るものとなりました。2000年後半から減少し続けていた入居者数が2017年以降は増加に転じ、入居率は2016年度の82・8％から2022年度には93・5％に上昇。20〜40代の新規契約者数は2016年度から2021年度にかけて約70％増という飛躍的な再生を遂げています（図24）。さらに、茶山台団地だけでなく、大阪府住宅供給公社が運営するその他の団地にも取り組みが波及し、全体の稼働率・若年層入居者数の継続的な増加を実現しました（図25）。

〓喚起〓 社会的議論喚起

「団地の衰退」という全国的な社会課題にのせ、先駆的事例として全国話題化に成功した。アーンドメディアでの露出、オウンドメディアでの発信、アワードなど第三者機関からの評価などにより社会的な評判を獲得。公社の企業価値向上・事業成果につなげていった。

図24　若年層の茶山台団地新規入居割合が増加

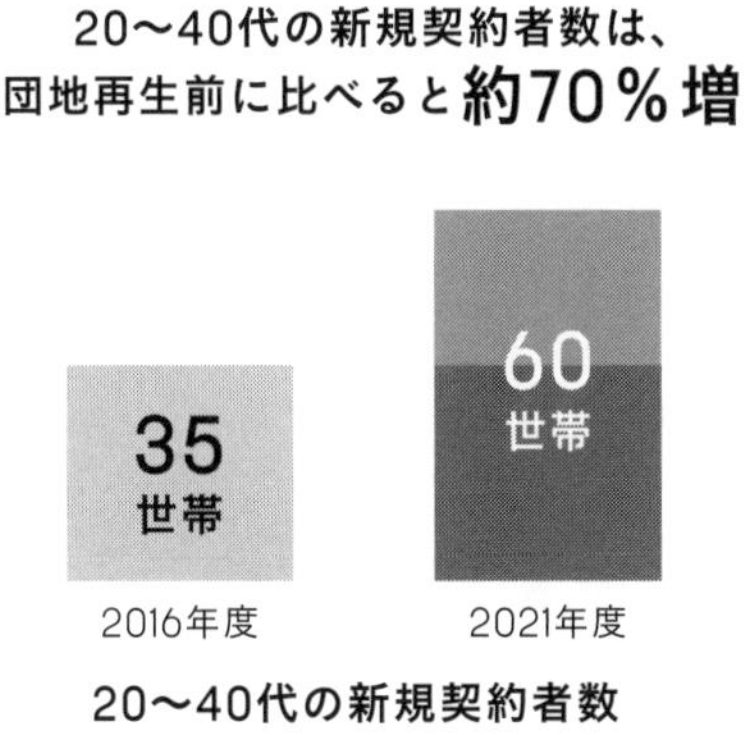

図25　長年下落傾向だった入居率が増加

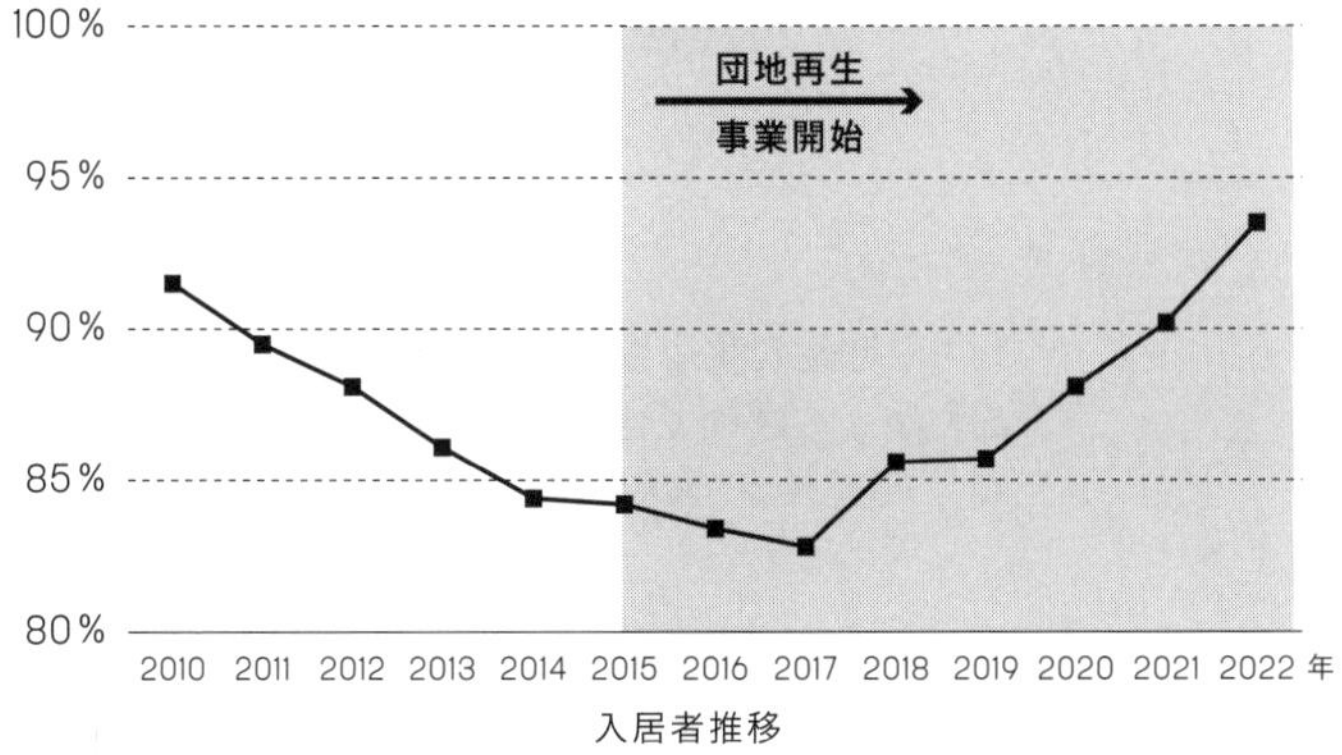

図26 2018年度実施の全戸アンケート結果

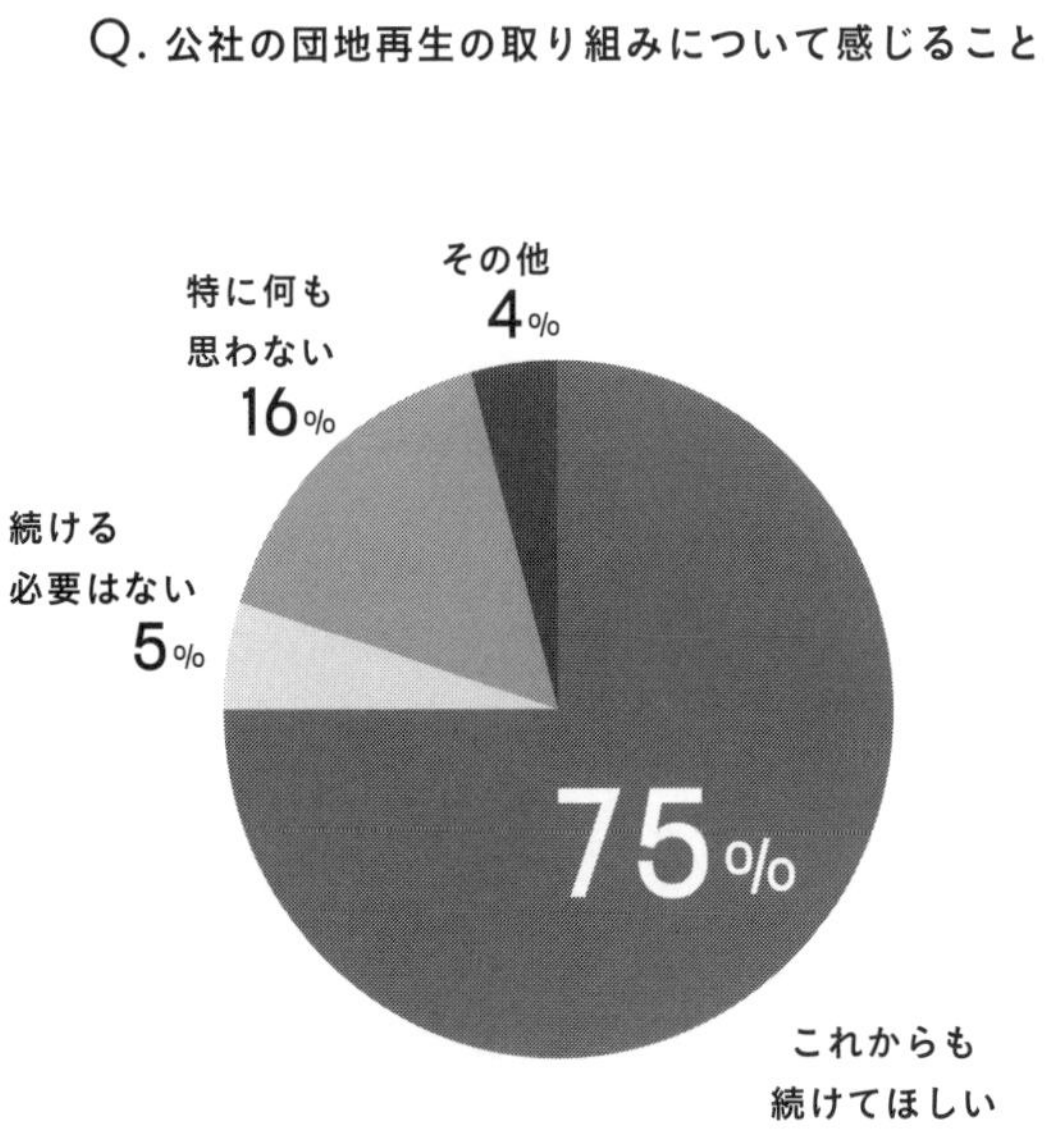

団地再生に取り組みを
「これからも続けてほしい」と回答した
団地住民の割合は「75%」

図27　社会デザイン設計図(1)
【茶山台団地再生プロジェクト】

課題	▶	高度成長期の住宅ストックとして大量に建築 「仕方なく住むところ」というネガティブイメージ 入居者減少＆高齢化で負のスパイラルに
最適解	▶	**同一規格＆集合住宅の「あたりまえ」を打ち破る 「住まいが人に合わせる」団地**
経済的価値	▶	稼働率＆ 若年層入居者の増加
社会的価値	▶	既存住宅ストックの 持続化モデルに

図28　社会デザイン設計図2
【茶山台団地再生プロジェクト】

問い

人が住まいに合わせる団地の画一性こそが課題の根源でないか？
(丁寧なヒアリングから抽出した住民ニーズの掘り起こし)

提唱

これからの住まい(団地)は「人に合わせる」
また集合住宅は「多様性を受け入れる」共生の場になる

巻込

施策の受け手ではなく担い手としての住民

実際に住んで「住民」としてコミュニティのパイプ役になったNPO

喚起

これからを具現化した「ニコイチ」

「やまわけキッチン」等が、衰退する団地の新しい在り方として先駆的事例化

第6章

瀬戸内造船家具

古材の再活用で循環型地域社会への貢献

船を建造する過程で、たくさんのごみが発生

「この大量の廃材や古材をどうにかできないだろうか」

プロジェクトを始めるきっかけとなったのは、2019年10月。浅川造船（愛媛）の東予製造部部長（当時）、村上賢司さんからの相談でした。

村上さんは28歳になるまでは東京で週刊誌の記者として働いていましたが、家業の浅川造船を継ぐため、愛媛県にUターンしました。浅川造船で仕事を始めて最初に目の当たりにしたのが、造船所の敷地内に山積みにされていた大量の木材だったそうです。

この木材は船を造るときに使う足場板で、厚さ5センチの国産杉でできています。一般的な木材よりも厚みがあり、たいへん丈夫な板ですが、ワイヤーで縛った跡やペンキの汚れなど、どれも使用感が残るものでした。一隻の船を建造するために必要な足場板は、約1万本。その足場板の上で作業する職人の命を守るため、少しでも割れた板は処分されて

船の足場（浅川造船）

いました。これらの足場板は、たまに「使いたい」と声をかけてきた人がいれば譲っていました。

「使い古された感じはあるが、しっかりした木材だし、そのよさを生かしてビンテージ家具や小物に使えるかもしれない。自社の古材を再活用して地域や環境にも貢献できないだろうか。さらにはそのような取り組みを自社の情報発信につなげられないだろうか」

村上さんは弊社スタッフに、そんな相談を持ちかけてきたのです。

古材の再活用を考える理由は、造船業界を取り巻く環境の変化にもありました。

近年、地球温暖化への対策として、脱炭素化などカーボンニュートラルに向けた動きが

造船所内に山積みにされている大量の古材

世界的に加速しており、造船業界も例外ではありません。国際海事機関（IMO：海上の安全や船舶からの海洋汚染防止などの海事分野のさまざまな問題について国際協力を促す機関）は、世界の大型外航船に対して新たな環境規制を導入し、船舶から発生する有害物質やCO2排出量を削減していかなければならなくなりました。つまり造船業界は、環境に配慮した新しい船の製造をより強く求められるようになってきたというわけです。

そんな中、浅川造船では、「単純に環境規制を守ったり環境にやさしい船を造ったりするだけでは、環境対応する企業とは言うことができない。船を造る過程で出る機器の梱包材や足場板などの木材をただ処分するのではなく、何らかの形で再利用できないか」という議論がありました。自社にとって真の環境対策とは何か、具体的な内容を検討していたところだったのです。

環境対策、地方創生、自社の情報発信――この3つの課題を解決するためにはどうすればいいか。そこでつながったのが、古材を使った家具ブランドの立ち上げでした。

浅川造船の環境課題における「問い」は何か

ここで、社会デザイン発想によって「問い」を立ててみましょう。

復習になりますが、問いを立てるプロセスとは、社会潮流を把握し、ひとりの声にも耳を傾け、真に取り組むべきキザシ・課題を発見し、新しい問いに仕立てる力でしたね。決まった答えを提示するのではなく、議論を生み出す新しい問いを立てるのです。

このプロジェクトでは、次のように考えました。

「建造する船そのものだけが環境規制に対応していればよいのだろうか？　船の建造過程には木材をはじめとしたさまざまなごみが出ている。建造過程も含めて環境対応ができないか？　それができてこそ、真の環境対応ではないか？」

＝問い＝　経済的側面の課題

「環境に配慮した船を建造する必要がある」は、国際海事機関のルールと世界的な環境対応への要請。取り組むことがあたりまえになっている。

船主から選ばれる造船会社として、環境対応が必須。

＝問い＝ 社会的側面の課題

環境規制のルールを守るだけでは「真の環境対策・環境対応」とは言えない。船の建造過程ではさまざまなごみ（機器の梱包材や木材の足場板など）が発生する。

船の街、今治を代表する企業として、地場産業・地域全体を盛り上げ、地域の誇りをつくり、賛同の輪が広がる仕組みが必要。

取り組みを持続可能にするための3つのポイント

環境対策に関するPRの相談は、オズマピーアールにもたくさん舞い込んできます。近年では、「当社のSDGsアクションを情報発信したい」という相談が非常に増えました。

基本的にSDGsなどのソーシャルグッドの取り組みを進める場合、次の3つのポイントを押さえておくべきだと、私たちは考えています。

1つ目は、本業が最優先。2つ目は、負担が大きいことは続かない。3つ目は、儲からないことは続かない。特にソーシャルグッドの取り組みは、「ほぼ儲からない」と多くの会社が考えているでしょう。今、SDGsに取り組もうとしている企業は非常に多いのですが、「SDGsに取り組んでいる」と公言するために形だけの取り組みを進めるのは本末転倒ですし、儲からなければ続きません。

私たちは、村上さんに相談された課題に対して持続的な解決方法はないかと考えました。

浅川造船の本社は、愛媛県今治市にあります。今治といえば、誰もが今治タオルを連想すると思います。でも、今治は造船の町でもあります。浅川造船を入り口として、ほかの造船会社も巻き込み、造船所の古材を使って今治タオルに次ぐブランドをつくれないだろうか——。そう考えて、次のような企画を提案しました。

タイトルは、**「今治タオルに次ぐブランドを、愛媛県の地場産業である造船業の現場から」**。浅川造船は古材を再活用することによって環境負荷の低減に貢献しながら、地域を盛り上げていく担い手になるというものです。これが、プロジェクトの第一歩でした。

そしてアップサイクルブランド（捨てられるはずだったものに新たなアイデアやデザイン性をプラス

してより価値のあるものへアップデートすること）を立ち上げるときには、ＳＤＧｓと同じように、押さえておくべき3つのポイントがあります。

1つ目は、やりたいことを考える。このプロジェクトにはそれほど予算が設定されていたわけではなかったので、ステークホルダーが「やってよかった」と思えるような企画、全員にメリットがあるような企画にすべきです。

重要なのは、やりたいことを明文化すること。ここでは、次のような言葉にまとめました。

「私たちは、古材特有の風合いを生かし、古材に新しい役割を与え、社会に流通させることで、愛媛県の地場産業である造船業を起点に『未来の地球環境』を守る循環型社会への貢献を目指します」

課題や目的を明確にすることで、パートナーと意思を統一するのです。

2つ目は、実現するための仕組みを考える。仕組みについては後ほど詳しく説明しますが、私たちが古材を使って作ろうと考えたのは、村上さんのアイデアにあった「家具」でした。

家具にこだわった理由は、いくつかあります。家具、特にダイニングテーブルは、家庭での会話の中心にあるものです。リビングの真ん中にどーんと置いてあって、語り草になれるようなものを作りたいと思いました。それから、木材は材質的に家具への活用が最も相性がよかった。大きくて丈夫なので、テーブルや机の天板にすることができます。

受注生産にした理由もありました。実は、家具のほかにジュエリーボックスを作るアイデアもありました。しかし、ジュエリーボックスだと数十個単位で作って在庫を抱えなければならず、作り手・売り手となるパートナーが販売リスクを負ってしまいます。私たちも販売サイクルを早められるようにPR活動では支援しますが、在庫リスクを解消する保証はできませんでした。そこで受注生産の家具にすることで、売り手が在庫リスクを負わない形にしたのです。

3つ目は、無理なく続けられる体制を整える。繰り返しになりますが、持続性のあるブランドをつくるためには、**このプロジェクトに関わる全員が本業を最優先としながら、負担を最小限に抑えながら、しっかりとメリットを共有することができる仕組みが必要です。**それぞれの強みやできること・できないこと、役割を明確にしながら、家具の売り上げで得られる利益配分スキームも設計しました。

これら3つのポイントを押さえながら、私たちが取り組んだプロジェクトの全貌を説明していきます。

地元の古材を、地元の職人が家具にして販売

やりたいことを明確にしたら、次は実現するための仕組みを考えます。古材を商品にして、ブランド化し、生活者へ販売する仕組みをつくるにはどうすればよいのでしょうか。浅川造船は、これまで処分していた大量の木材を無料で提供する。オズマピーアールは、ストーリーを伝えるためのブランドをつくる。ここまでは決まりました。でも、最も肝心な、木材を使って商品を作る「作り手」がいませんでした。

今治のブランドにするならば、作り手は地元の職人さんにお願いしたい――。私たちは浅川造船とつながりのある職人さんを紹介してもらうことにしました。こうして出会ったのが、地元の工務店である真聖建設です。代表の吉野聖さんに「造船古材を使った家具作りをやってみませんか」と相談すると、すぐに快諾してくださいました。

真聖建設は家を建てるプロです。住宅の建築で一部、木工は手掛けているものの、家具

図29　地元の古材を、地元の職人が家具にして販売

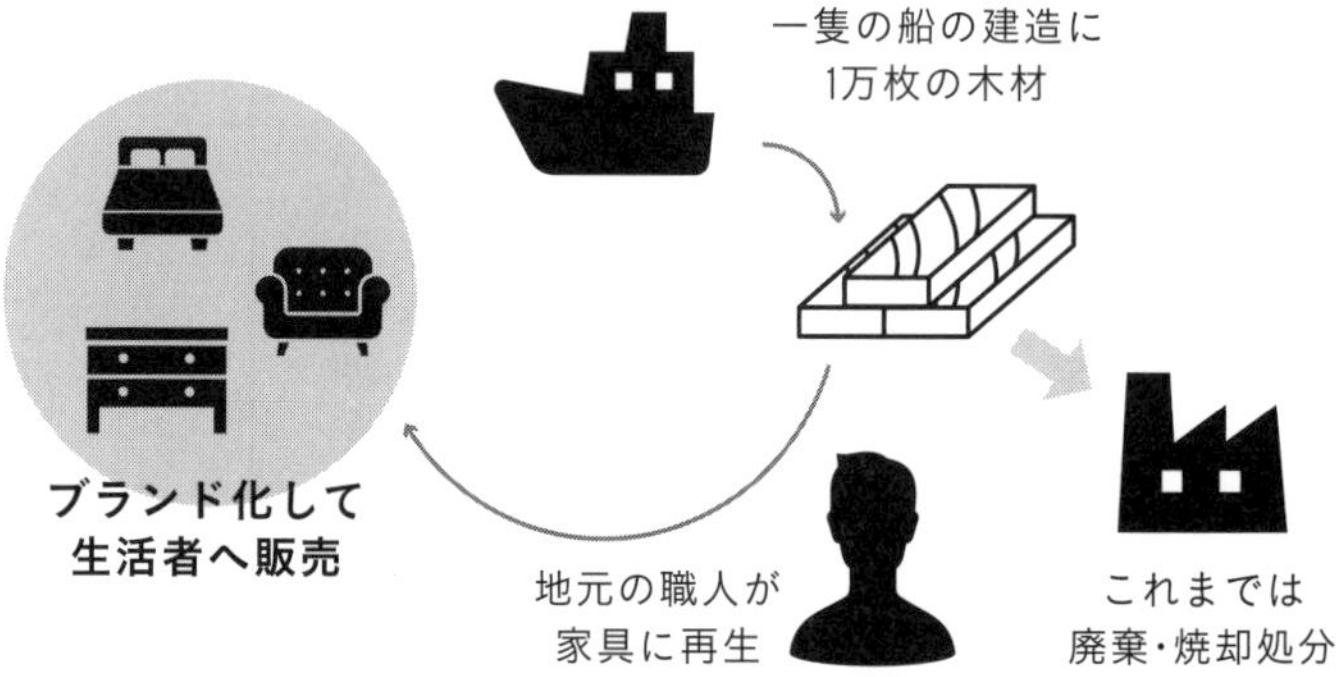

を専業とはしていませんでした。しかし、「愛媛の未来を担う子どもたちのために、何かを伝え、残していきたい」という強い想いから、取り組みに賛同していただきました。こうして3社の体制ができあがったのです（図29）。

改めて3社の役割とそれぞれのメリットをまとめてみましょう（図30）。

浅川造船は、古材を供給することで、自社の工場のデッドスペースをなくすことができる。さらには焼却処分の手間が省けるうえに、CO_2排出量も削減できます。

真聖建設は、家具の設計・製造・販売の役割を担います。販売は同社が運営するセレクトショップ「ConTenna」が引き受けます。地元の造船会社と手を組んで環境に貢献するこ

図30　事業としてサステナブルであることを大切にする

得意領域を尊重しあえる体制・ルールで運営する

とができ、そして家具が売れれば自社の売り上げにつながります。

オズマピーアールは、この体制を運営します。浅川造船と真聖建設は、材料を提供し商品を作ることは得意ですが、情報を外に広めることに関してはプロではないので、私たちがその役割を担いました。ブランドをつくったり、世の中に情報発信したりするだけではなく、販売サイトの手続きなども行います。私たちにとってのメリットは、**経験**です。多くの企業がSDGsに取り組んでいく未来を見据えて、今回の取り組みは新しいアプローチになり得るだろうと考えたのです。

仕組みづくりで肝要なのは、**得意領域が異なる3社が、お互いを尊重し合える体制やルールをつくること**です。ここは非常に重要なポイントで、**共創プロダクトや共創ブランドをつくるときに、主従関係があるとうまくいきません。**プロジェクトの途中で問題が起こったとき、他社の責任にしやすくなり、協力し合える関係を築きにくくなるからです。

こうして、**アップサイクルブランド「瀬戸内造船家具」**が誕生しました。

なぜ、この名前になったのか。「瀬戸内」というと海外からも認知がありますし、今後は愛媛県だけではなく瀬戸内エリアの造船会社も取り組みに参画できるような余白をつくっておきたいと考えたからです。

瀬戸内造船家具において、どのような「提唱」「巻込」がなされたか

ここで、社会デザイン発想によって「提唱」と「巻込」を考えます。

「提唱」とは、多くのステークホルダーの共創につなげるために掲げる、大義や理想の社会です。先ほど立てた問いの答えにあたるもので、ブランドと多くの人が共に目指したいと思う、新しい「あたりまえ」を考えます。

図31　瀬戸内造船家具ロゴ

瀬戸内造船家具

Setouchi Shipbuilding Furniture

浅川造船が本社を置く愛媛県今治市は、世界有数の海事産業（海運業・造船業・船用工業）が活発な都市です。浅川造船を含めて14事業所を有し、建造隻数では国内の約20％を占めています。また、今治市に本社や拠点を置く造船会社のグループ全体では、国内の30％を超える船舶が建造されており、不動の造船王国となっています。中でも浅川造船は、日本の海事産業を代表する今治の造船会社です。だからこそ、これまで使用されてきた木材に新しい役割を与えるモデルケースとなる責務がありました。

　こうした意識から、船を建造する過程で職人が使用してきた足場板の古材を、地元の企業の協力を得て価値を向上させるアップサイクルで、家具ブランド「瀬戸内造船家具」を立ち上げ、今治タオルに次ぐ地場ブランド産業を目指します。

続いて「巻込」です。どのような共創の枠や仕組みをつくったか。人々の関わりしろをどうつくったか。巻込とは、当事者の声を起点に、共に世の中に問いかける仲間を見つけ、賛同の輪が次々と広がる仕掛けを創る力です。

浅川造船は、これまで山積みにしていた足場板を地元企業（真聖建設）に無償で提供することで、工場内のデッドスペース削減と焼却時のCO2排出量を削減することができます。真聖建設は、浅川造船から譲り受けた足場板をおしゃれな家具に再生し、販売できます。オズマピーアールは、2社の取り組みを社会に広く伝える広報と、協業相談などの窓口を担当します。この取り組みによって、ほかでは得られない経験値を積むことができます。

3社で始めた取り組みですが、家具の作り手は、将来的に関係者を愛媛県や瀬戸内エリアに広げ、さまざまなアイデアが生まれるような枠組みにしました。もちろん、造船会社も浅川造船1社ではなく、他社からも受け入れられるようなルール整備をしました。特に利益配分については、経済的なメリットを得られるように設定してあります。この部分については、次の項目で詳しく解説します。

また、ボランティア精神だけでは、こういう取り組みは継続しません。本業がそれぞれある3社が、「できる範囲」で関わることが大前提となっています。

さらに「最適解」をまとめます。最適解とは、「組織やブランドの便益」と「多くの人の共感」を両立させるための仕組みでしたね。

最適解は、**古材による家具ブランドの立ち上げ**です。ここでも重要なポイントは3つあります。

1つ目は、それぞれのステークホルダーが本業を最優先にしつつ、社会にとってよいことをできる範囲でやること。2つ目は、利益配分の仕組みを明確にすること。3つ目は、ブランド商品（家具）は単なるアップサイクルではなく、そこにしっかりした〝愛嬌のある〟ストーリーを添えて、世に送り出すことです。

＝提唱＝ 新しい「あたりまえ」を浸透させるプロセス

船の建造過程で職人が使用してきた足場板の古材を、地元愛媛の工務店の協力を得て、リサイクルでもダウンサイクルでもない、造船古材（足場板）の価値を向上させるアップサイクルで、家具ブランドの「瀬戸内造船家具」を立ち上げる。（めざせ！今治タオルに次ぐ地場産

業ブランドへ）

＝巻込＝　**共創し、賛同の輪を広げる仕組み**

家具ブランドを立ち上げ運営するために、異業種3社がそれぞれの得意分野を生かし、本業に差し支えない範囲で連携。

利益配分の仕組みをルール化。

家具の作り手、造船古材の供給先は常に募集し、間口を広げる。

＝**最適解**＝

古材のアップサイクルによる家具ブランド「瀬戸内造船家具」の立ち上げ。

3社が経済的なメリットを得るための利益配分

繰り返しになりますが、取り組みを続けていくには、利益を出すことが必要不可欠です。

家具を販売して得られる利益配分のルールは、3社一緒に考えました。

図32 利益配分の仕組み

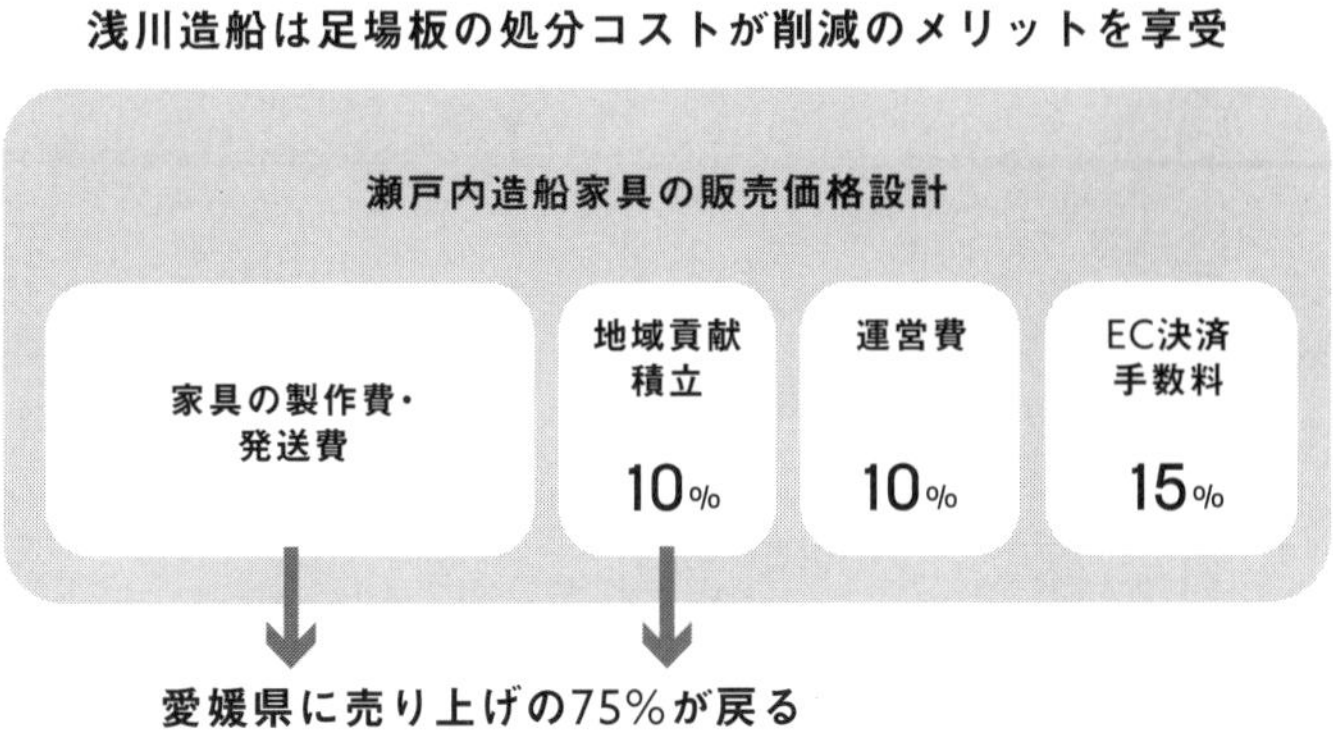

本来であれば、オズマピーアールがPR業務を引き受ける場合、月ごとなどの期間単位でフィーを請求して取引を行います。しかし今回のプロジェクトは、家具の売り上げを通じてフィーをいただく形にするという新たな試みに挑戦しました。

では、プロジェクトを長く続けていくための利益配分をどう決めていったか。まずは浅川造船と真聖建設の意見を聞き、商品ごとに最低限確保しなければならない利益を設定し、その積み上げで販売価格を決めました。

図32をご覧ください。例えば10万円の家具が売れると、65%（6万5000円）が製作費と発送費。10%（1万円）が地域貢献積立費。計75%が愛媛県に還元されます。この製作費と

発送費は、真聖建設が商いとして成立させるためのお金です。地域貢献積立費とは何かというと、まだ具体的な用途はないのですが、いつか何らかの形で愛媛県の子どもたちのために貢献するための積立金としました。

運営費10%は、販売成立時にオズマピーアールがいただくお金です。ブランド運営にあたって2社の相談に乗ったり、リリースを書いたりする業務の対価はいくらが妥当か、社内でも議論がありました。今回は初めての挑戦ということで、売り上げの10%をいただく形にしました。

販売する際に外部のECサイトを使うので、EC決済利用料として15%を設定しました。浅川造船の利益はというと、足場板の処分コストが削減されることによって得られる経済的なメリットを享受してもらいます。

こうして3社の利益配分スキームを設定しました。現在（2023年8月時点）、8商品が販売されています。商品価格を見ると、ダイニングテーブルが13万円、ミラーが7万8000円というように、一般的な家具より少し高い設定になっていますが、それは先ほどの利益配分があるからです。

このプロジェクトを開始した当初は、ハンドメイド商品のオンラインストア「iichi」に相談し、最初の販売先としました。その後2～3年目には、瀬戸内の観光産業活性化に取り組む「せとうちDMO」とつながったり、瀬戸内造船家具のブランドサイトでも直販を始めたりなど、少しずつ販売チャネルが広がってきました。今後も無理のない範囲で拡充していく予定です。

なぜ、メディアからの取材がたくさん舞い込んだのか——「喚起」

ブランドを立ち上げ、商品がそろい、販売先が決まり、いよいよ発売となったのは2020年6月。村上さんから相談を持ちかけられてから約8カ月が経過した頃でした。

販売先の「iichi」での公開に合わせてプレスリリースを作って配信しました。このときは、メディアに向けて「新しいブランドができたので取材してください」と殊更にお願いしたわけではありませんが、新聞社、テレビ局、自治体、金融機関、著名なデザイナーなど、実にさまざまなところから取材依頼や問い合わせがたくさん舞い込んできたのです。

取材に来た方に「なぜ私たちの取り組みに興味を持ったのですか?」と聞くと、愛媛県のメディアの方は「地元を支える産業が、地元の他業種企業と組んで新しい事業を始めるというのが新鮮だった。造船会社が鉄鋼会社と組むことはよくあるけれど、工務店と組むケースはあまりなくてユニークだと感じた」とのことでした。

なぜ、ここまで反響が大きかったのか。今にして振り返ると、**瀬戸内造船家具のテーマや目的が、社会課題や企業の課題とマッチしていた**のが大きな理由の1つだったように思います。企業は今、環境対策や地域との連携など、さまざまな課題に直面しています。その中で瀬戸内造船家具の取り組みは、まさに社会や企業の課題に対して解決のヒントとなるプロジェクトであったと考えています。課題とリンクする取り組みだったからこそ、社会や企業の興味や関心を引き、大きな反響が得られたのではないでしょうか。

また、本業の傍らで取り組み、サステナブルであるために、明確なマーケティング目標などもあえて設定せずに進めていたことが、愛嬌として功を奏したのかもしれません。

ここで、社会デザイン発想による「喚起」をまとめます。喚起とは、新しい「あたりまえ」が社会の多くの人たちから共感されるかを問うため、社会に議論を起こして波紋を広

瀬戸内造船家具のダイニングテーブルと棚

げていく力です。

先にも触れましたが、瀬戸内造船家具の販売を始めた直後から、地元愛媛のメディアや環境関連の専門メディアから取材が殺到し、海事産業に関する話題や船の建造過程で足場板が大量に処分されている実状が報じられました。他県の造船会社から「足場板を提供したい」などの打診も舞い込みました。海事産業が抱える課題が多くの人の目に触れ、議論を巻き起こすと共に、問いに対する1つの答えをしっかりと提示できたのだと思います。

〓喚起〓 **社会的議論喚起**

造船古材は地元木工職人が家具に活用するという、新しい「あたりまえ」へ。

オズマピーアールの舵取りで始めた造船古材のアップサイクルモデルを愛媛県で完全自走。

共創の肝は、腹を割って話せる関係

2010年代から、「共創」という言葉が注目されるようになっています。**共創とは、さまざまなステークホルダーと対話し、協働して、共に新しい価値を生み出していくこと**です。共創が重要視されるようになった背景には、グローバル化や人々が触れる情報量の増加も相まって、人々の価値観が多様化し、求められる商品やサービスも画一的ではなくなってきたことが一因として挙げられるでしょう。

本書の「まえがき」でも触れましたが、答えのない時代に突入し、私たちは新しい価値を創造していかなければ人々の多様なニーズに応えることができなくなりつつあるのです。

ところが、業界問わず共創の重要性は高まりつつあるものの、共創がうまくいかないケースが少なくありません。共創する相手に依存してしまったり、共創相手と上下関係ができて意見が出にくくなってしまったり、意見が対立してしまったりすることもあります。

ステークホルダーの弱みを補い合い、そしてそれぞれの強みを生かし合いながら新しい価値を創造するには、どんなことに気をつけるべきでしょうか。瀬戸内造船家具のケースでは3社がすべて初めてだらけのプロジェクトだったにもかかわらず、なぜうまくいったのかヒントを探ってみると、1つは、繰り返しになりますが、**3社がお互いの利害を共有したこと**です。それぞれの目的を腹を割って見せ合ったこと、相互理解に基づいて相互利益のために活動するパブリック・リレーションズの重要なポイントが担保されていたことが、うまくいった大きな理由の1つと考えられます。

もう1つは、**3社がフラットな関係を築いたこと**です。複数の会社が集まると、どこが上でどこが下だという話になりがちです。でも、考えてみてください。私たちオズマピーアールは家具を作ることはできませんが、家具を作る真聖建設と木材を提供する浅川造船のおかげで利益を得ることができます。浅川造船から見ると、山のような古材を真聖建設が引き取ってくれて、オズマピーアールが引き取りを加速するためにPRしてくれる。真聖建設から見ると、家具を作るための木材を浅川造船から提供してもらい、ブランド運営の部分でオズマピーアールの力を借りる。互いの目的や役割をしっかり把握しているからこそ、フラットな関係が築けたのです。

プロダクトやブランドを共創しようとするときに主従関係があると、単純な受発注関係のまま終わってしまいます。すると、売れなかったら委託先のせいだ。引き受けている側も、いやいや商品力に問題があったからだと、お互いに言わなくても悪い空気になってしまう。その点でも、**腹を割って対話ができる環境をつくることが非常に大切**です。

瀬戸内造船家具プロジェクトを進めた3年間は、何が正解かわからない問題の連続で、常に手探りで進めてきました。試行錯誤を続ける中で、この取り組みは世の中にとって有益なのか、ステークホルダーにとって有益なのかを、私たちは常に考え続けました。このプロジェクトの位置づけを考えていくことが最も大変であり、最も面白いところだったと思います。

プロジェクト全体を振り返ると、主体的に社会課題とステークホルダーをつなぎ合わせる仕事の経験値は計り知れません。今後の私たち自身のパブリック・リレーションズの活動においても、非常に意義のあるプロジェクトになっています。

図33　社会デザイン設計図(1)
【瀬戸内造船家具】

課題	国際海事機関のルールと 世界的な環境対応への要請 環境にやさしい造船はもはや「あたりまえ」の中、 船主から選ばれる造船会社として、 さらなる環境対応が必須
最適解	**古材の“アップサイクル”による家具ブランド 「瀬戸内造船家具」の立ち上げ**
経済的価値	古材の処分費用オフ& 販売利益
社会的価値	海事産業に関する 環境意識の高まり （報道による意識化）

図34　社会デザイン設計図(2)【瀬戸内造船家具】

問い

建造する船だけが環境規制に対応していればよいのだろうか？
船の建造過程も含めて環境対応ができないか？それができてこそ、真の環境対応ではないか？

提唱

船の建造過程で職人が使用してきた足場板の古材を、リサイクルでもダウンサイクルでもない、造船古材（足場板）の価値を向上させる“アップサイクル”で、「瀬戸内造船家具」にする

巻込

浅川造船は、古材の無償提供で工場内のデッドスペース削減と焼却時のCO_2排出を削減

工務店の真聖建設は、譲り受けた足場板をオシャレな家具に再生し、販売

オズマピーアールは、2社の取り組みを社会に広く伝える広報と協業相談

喚起

アップサイクルモデルの好事例として完全自走化

他県の造船会社から足場提供の打診など広がりも

第7章

リモート市役所

地方都市の移動人口を拡大

中長期的な地方創生に取り組みたい

軽井沢の隣に位置する街、長野県佐久市。人口は約9万8千人。北に浅間山、南に八ヶ岳連峰を望み、蓼科山、荒船山などの雄大な山々に囲まれた自然豊かな高原都市です。市内には千曲川が流れ、水源も豊富。米や佐久鯉などの農林水産物が有名です。自然に恵まれた地域であるにもかかわらず、東京からは新幹線で約75分と交通アクセスが良好な場所でもあります。

今回のプロジェクトは、佐久市が「シティプロモーション基本方針策定事業」として実施したプロポーザルで、私たちの提案が採択されたことがきっかけで始まりました。ここから5年ほどの間、私たちは佐久市とタッグを組み、シティプロモーションを進めてきました。

本章で取り上げるのは、そのプロジェクトの中の1つ、**移住者のためのコミュニケーション施策「リモート市役所」**です。

かねてより佐久市長から、次のようなご相談がありました。

「2015年前後に、地方創生をテーマにしたPR動画が流行った。もちろんこの取り組みには価値があったと思うが、結局のところ、少しの間しか話題にならないことが多い。地域活性化の観点からは、それではあまり意味がない。打ち上げ花火のような一時的なものではなく、中長期的な視点で地方創生の取り組みができないか。移住希望者のニーズをきちんと捉えた施策、新たな市の財産になるような施策を考えたい」

さらに、シティプロモーション事業を進めていく中で、コロナ禍に突入し、自治体担当者から、「コロナ禍で移住希望者が直接足を運ばなくても、佐久市の魅力を伝える方法はないだろうか」とのご相談も受けました。

一方で、移住者からはこんな声がありました。「移住先の情報収集をしているとき、この街の手触り感を知りたい。現地の生身の情報をもっと知っておけたら良かった」

移住を希望する人たちは現地を見学するときに、地域の住民はどんな雰囲気なのか、ごみを出すときのルールはどうなのか、本当に暮らしやすい街なのかといった、実際に住んでみないとわからないようなことを知りたいと考えています。あるいは、「都会からの移住者を排除するような風習が残る地域なんじゃないか」という不安を持つ人もたくさんいます。

また、移住希望者に行ったインタビュー調査では、こんな要望もありました。

「移住先についてネットなどで調べるとポジティブな情報ばかりが出てくるが、ネガティブな情報も知りたい。特に、『これさえ乗り切れば、この街に住める』というくらいの情報がわかれば、移住に踏み切れるかもしれない。佐久市の場合は『寒さ』だけど、その寒さはどのくらいのレベルなのか。生身の情報があると嬉しい」

佐久市は自然豊かであるだけでなく、医療や教育、交通インフラも充実している素晴らしい土地ですから、移住を希望する人がたくさんいます。それでも、いざ地方移住しようと考えると、誰もが慎重になるのは当然です。

佐久市を盛り上げるためにも、移住希望者の不安を取り除くためにも、何かよい情報提供の手段はないだろうか——。こうしてさまざまなお悩みやご要望に応えるために立ち上げたのが「リモート市役所」でした。

リモート市役所における「問い」は何か

このような背景を踏まえて、社会デザイン発想の手法によってリモート市役所の「問い」を考えてみましょう。

日本は今、首都圏への一極集中が進んでいます。人だけでなく、物や金、情報が首都圏、特に東京に集中してしまうと、地方における人口減少の加速につながります。

各自治体では地方創生の取り組みが進んでいますが、そこで起こっているのが、**地方都市同士での人口の奪い合い**です。私たちは、この問題にこそ着目すべきであると考えました。

自分たちの地域に移住者が来さえすればいいのか。真の「東京一極集中の打破」とは何か。こうした状況では、新しい人との関わり方をつくる必要があるのではないだろうか。

議論を重ねる中でキーワードとなったのが、「関係人口」でした。関係人口とは地域と多様に関わる人々となります。ただ、関係人口の捉え方は自治体によって異なり、非常に曖昧になっていることもわかりました。さらには関係人口自体が、人口移動ができない言い訳に使われているケースも非常に多かったのです。

そこで、**関係人口のかたちを改めて考えて、どのように人と街がつながり続ければいいか**。ここが、本プロジェクトにおける問いです。

＝問い＝ **社会的側面の課題**

東京一極集中の打破が騒がれる中で、地方移住では移住者の奪い合いが起きていた。これからますます人口減少が加速していく。どの地方も共通の課題を持っているのに、自分たちの地域に人が来てくれさえすればいいのだろうか。

Slackを活用した移住のオンラインサロン

ここで佐久市が実際に行った「リモート市役所」の施策について説明します。

リモート市役所とは、一言でいうと、**Slackを活用した移住のオンラインサロン**です。移住希望者や市民、関係人口など、さまざまな立場の人とネットを介してコミュニケーションをとることができる、移住のための新しいコミュニケーションプラットフォームとも言えます。Slackとは、テキストや画像などを投稿・閲覧できるビジネスチャットアプリです。基本的に無料であるうえに、誰でも直感的に操作できて扱いやすいことから、ビジネスに利用する企業が増えています。

リモート市役所でできることは、大きく3つあります。

1つ目は、移住に関する情報交換です。佐久市への移住に限らず、移住に関する不明点を相談したり、情報収集したりできます。移住経験者に直接「どこの移住先がおすすめですか?」「移住するときに必要なタスクは何ですか?」などと、フラットに移住に関する質問をすることもできます。もちろん、閲覧だけの利用も可能です。

2つ目は、佐久市に関することの情報交換や相談です。チャットには佐久市民や佐久市に移住した方も参加していて、市内でおすすめの遊ぶ場所、休日の過ごし方、物価の状況や子育て環境など、市民の生の声を聞くことができます。もちろん、ポジティブな情報ばかりではなく、ネガティブな情報も含めた市民の本音をたずねることも可能です。

3つ目は、移住や佐久市のアイデアディスカッション。佐久市をもっとよくするにはどうすればよいのかを話し合い、佐久市を盛り上げるためのイベ

図35 リモート市役所のwebサイト

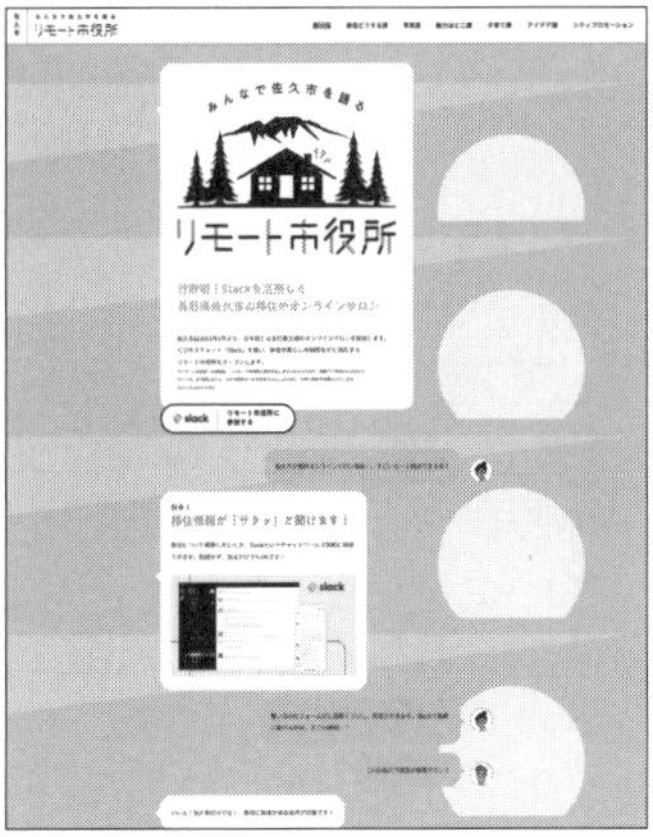

図36　リモート市役所のSlack画面

ントを提案するなど、さまざまなアイデアを出し合います。市の職員へ直接伝えることができるので、アイデアが形になりやすいという特徴があります。

　リモート市役所のウェブサイトにアクセスすると、チャット形式でコンテンツの内容が説明されます（図35）。スクロールしていくと「リモート市役所に参加する」という表示がありますので、そこをタップ（パソコンではクリック）するとSlackが立ち上がります。

　Slackに入ると、さまざまなチャンネルが一覧になっています（図36）。例えば、「自己紹介」は新たに参加した人が自己紹介するチャンネルです。「佐久市の写真」は、市内の景色や見所、積雪のあった日はどのくらい積もったかなど、街の画像を自由に投稿したり閲覧したりできるチャンネルになります。

ほかにも市内のグルメ情報を交換する「佐久市の飲食」では、「クリスマスケーキはどこで買いますか?」「おすすめのラーメン屋さんは?」などの質問が飛び交います。「佐久市の子育て」では、「子どもも遊べるウィンタースポーツのできる場所は?」「佐久市の子どもたちは冬にどれくらい着込んでいますか?」といった質問が、「移住の質問部屋」では、「佐久市ではどのような暖房器具が必要ですか?」「下見の際のポイントは?」など移住先のリアルな情報を求めた質問がやりとりされています。このように、さまざまなテーマのチャンネルで自由に交流できるのが特徴です。

佐久市を盛り上げるリモート市役所課長を募集

このプロジェクトは、リモート市役所を立ち上げるだけでなく、運用も重視されました。取り組みの中でも特にユニークなのは、**リモート市役所を運営する職員と課長の募集**です。ここでの職員はボランティアですが、課長には給料を支払い、原則オンラインで運営の実務に携わってもらいました。

リモート市役所課長の応募条件には、「複業（複数ある本業の1つ）として取り組んでもらう人」という項目がありました。**複業する人材を受け入れることで、地域を活性化するモデルケースをつくり、複業解禁などの新しい時代の働き方を生かした関係人口を創出したい**というねらいがあったからです。

初年度の課長には、実際にリモート市役所での情報収集がきっかけで佐久市に移住を決めた方が起用されました。ＩＴ企業を経営しながら子育てにも奮闘している女性です。移住者視点、子育て中のママ視点など、さまざまな視点がリモート市役所に生かされるのではないかとの期待から、協力をお願いしました。

リモート市役所課長の主な業務の1つは、ボランティアである職員の皆さんとともに開く「職員カイギ」です。ここでは、リモート市役所をいかに盛り上げていくかという話し合いが行われます。

また、情報発信も行います。Slackの各チャンネルで、市への移住を検討している人や市に興味のある人からの質問に答えたり、課長自ら積極的に投稿し、市の情報を発信したりします。そのほか、音声コンテンツ「ＦＭリモート市役所」では、課長や職員がおすすめする温泉や飲食店情報などを全国に向けて届けています。課長はまさにリモート市役所の盛り上げ役なのです。

試住支援サービス「Shijuly（シジュリー）」

プロジェクトのもう1つの柱は、**試住支援サービス「Shijuly（シジュリー）」**の立ち上げです。ある時期、移住に関する質問がリモート市役所に多く寄せられるようになりました。

「移住前に試しに短期間生活してみたいのですが、滞在できるホテルはありますか？」
「滞在中に仕事をしたいのですが、子どもを一定期間預けられる保育施設はありますか？」
「インターネット環境が整っていて、仕事ができるようなカフェはありますか？」

私たちは、**「もしかしたら、試住に関する情報を求めている人は多いのかもしれない」**と気づき、市と相談して、試住情報をまとめた支援サービスを企画しようと考えたのです。

まず、企画を練るためのディスカッションの場「ブレスト会」に参加するメンバーを募り、10人ほど集まってもらいました。どのような情報が必要か、どのようなサービスがあ

図37 試住支援サービス「Shijuly（シジュリー）」

るといいか、オンライン上で何ができたらよいか、といった議論を3回にわたり繰り返しました。

次に、佐久市のエリアごとに情報をまとめるためのコンテンツを募集しました。例えば、佐久平・岩村田・東地区で試住する場合に実際に行ってみたほうがいい場所を、Slack上で募集しました。

こうして2021年7月に「Shijuly」がオープンしました。サイトを開くと（図37）、地域ごとの試住できる滞在先や保育園、コワーキングスペース、移動手段などの情報を一覧で見ることができます。「アクセス抜群、高利便エリア」「健やかに暮らす子育てエリア」「星がきれいな南部エリア」「山と暮らす自然共生エリア」など、各エリアの特色がわかるようにレイアウトしました。

各エリアの「ここに試住する」をタップ（クリック）すると、どこに何があるかわかるように各施設がマッピングされた地図が出てきます。エリア内で試住できる家については、「3DK、駐車場あり、Wi-Fiなし、最寄り駅は臼田駅」など、画像とともに詳細な情報が記載されています。試住、移住を希望する方の声に耳を傾け、必要な情報をわかりやすくまとめました。

Shijulyには、もう1つ大きな機能があります。それは、**試住する際の補助金の申請がオンライン上でほぼすべてできること**。佐久市では、試住中の宿泊費や移動費などに最大50％の補助金が出ます（上限あり）。オンラインで申請しない場合は、申請書類に必要事項を記入して、市役所に郵送しなければなりません。さらに試住後も、領収書をすべてコピーして書類に添付し、もう一度郵送する手間が発生します。これらの作業をオンライン上で完結できるようにして、試住者の負担を軽減したのです。

リモート市役所において、どのような「提唱」「巻込」がなされたか

ここで社会デザイン発想における「提唱」と「巻込」をまとめます。

提唱とは、先ほど立てた問いに対する「答え」。つまり、このプロジェクトにおいて理想とする社会の姿です。私たちは、**地方都市同士で人口を奪い合うのではなく、新しい関係人口のカタチとして「デジタル市民」があると**提唱しました。

デジタル市民を具現化した一例がリモート市役所の複業課長です。これにより、移住者や市民じゃなくても市の行政に携われる仕組みをつくりました。最初の複業課長は移住者

でしたが、別の都市の居住者でも務めることができます。2代目の複業課長は、遠くの地域に住んでいる方が就任しました。

では、この提唱を実現するための巻込ポイントは何だったのか。その装置として「リモート市役所」というプラットフォームを立ち上げたわけです。リモート市役所を通じて、移住者や佐久市民のみならず、デジタル市民も行政に参加できるようにしたのです。

ただ立ち上げただけでは継続性がありません。自治体にとって持続可能であり、人を巻き込み続けられる仕組みでなければなりません。そこで採用したのが、Slackの活用でした。Slackの無償版は、インターネット環境があれば誰でもどこでも使うことができます。リモート市役所に誰もが気軽に参加できるツールを導入したのです。

さらに、デジタル市民を巻き込み続ける仕組みとして、試住支援サービス「Shijuly」や音声コンテンツ「FMリモート市役所」を立ち上げ、移住者や佐久市民、デジタル市民に参加してもらいました。**こうして市の取り組みを多くの方に認知してもらえるような企画を継続的に打ち出していった**のです。

ほかにも、地方創生のKOL（Key Opinion Leader：影響力のある人）を招いたオンラインイベントを定期的に開催しました。教育関係者を巻き込んだイベント、医療関係者を巻き込んだイベント、子育てをテーマにしたパパ、ママ向けのイベントなど、佐久市で暮らす際に大切な要素になるテーマを選んで、ＫＯＬをうまく巻き込んでいったのです。

もう1つの巻込ポイントは、**市長自らリモート市役所の立ち上げを宣言したこと**です。このプロジェクトには佐久市長が非常に積極的に関わってくれました。市長自らリモート市役所に投稿したり、自身のTwitterアカウントでリモート市役所の存在をアピールしたりしたことで、**「佐久市＝デジタル行政推進」という見せ方ができました。**

市長のおかげでリモート市役所にオフィシャル感を出すことができ、多くの佐久市民やデジタル市民に興味を持ってもらえたのです。

私たちがさまざまな施策を打ち出し、人を巻き込んでいくとき、それが何をやる取り組みなのか、何の社会課題に対するものなのかを多くの人に伝え、共感していただかなければなりません。その点を考えたとき、私たちの取り組みにうまくマッチするキーワードが「リモート市役所」でした。

プロジェクト発足当時、世の中では「企業だけじゃなく、地方行政にもＤＸ（デジタルトランスフォーメーション）が必要だ」と叫ばれていました。さらにはコロナ禍で、リモートワークや地方移住という言葉が社会現象になるほど話題になりました。地方で暮らしながら都市部の仕事をする「リモートワーカー」を希望する人たちも増え、そうした人々の琴線にも触れたのでしょう。多くの人を巻き込み、プロジェクトを自走させるための最適解は、まさにリモート市役所という言葉（ネーミング）を生み出したことだったのです。

＝提唱＝　新しい「あたりまえ」を浸透させるプロセス

人が地方に移住するだけではない、新しい関わり合いの形として「デジタル市民」を提唱。不明瞭だった関係人口の在り方を提示した。

＝巻込＝　共創し、賛同の輪を広げる仕組み

Slackを活用し、参加者がオープンに行政に関われるオンラインプラットフォーム「リモート市役所」を立ち上げた。移住に興味を持つ層と市民、行政が一緒になって双方向の情報提供をしたり、アイデアを出したりできる仕組みを目指した。

リモート市役所の参加者を「デジタル市民」として、プラットフォーム発の新しいアイデアや施策（FMリモート市役所、Shijuly など）を実施。また、佐久市の暮らしにまつわるさまざまなテーマでオンラインイベントを開催し、移住に興味を持つ層に対して常に巻き込むきっ

かけをつくり続けた。

＝最適解＝ **新しい「あたりまえ」を浸透させる仕組み**

提唱した理念が多くの人に直感的に伝わるとともに、新しさへの期待を抱かせる象徴的な言葉として「リモート市役所」と表現した。

社会トレンド、移住者インサイト、行政に対する希望などを含みつつ、受け皿として機能できるキーワードだったことが、最適解になり得たポイント。

利用者やメディアの注目を集めた3つの理由

2021年1月にリモート市役所が本格オープンしてから約2年、2000人を超える参加者が集まりました。自治体初の取り組みということで、メディアや一般の方からも注目していただき、SNSリーチは約630万超（※2021年1〜3月のTwitterにおける「リモート市役所」への言及）となりました。

興味深いのは、参加者の反応です。リモート市役所のSlack参加者に向けた調査で、参加者の89・3％が「佐久市を先進的な街だと思った」と回答。また、69・8％が「自分が住んでいる街の街づくりに興味を持った」と回答しました。この取り組みによって、地域に関心を持つ方が増えつつあることがうかがえます。

こうした社会の反応を受けて、リモート市役所はさまざまなメディアで報道してもらいました。おかげさまで、PR Awards Asia の2部門で Gold を受賞したほか、ACC TOKYO CREATIVITY AWARDS、日本マーケティング大賞、シティプロモーションアワードなど、国内外の広告・PR・行政関連のアワードを受賞できました。

もちろん、打ち上げ花火のような一時的な取り組みで終わらず、今でも多くの移住希望者や佐久市民、佐久市の関係人口に活用されています。これらの反応を振り返ると、リモート市役所は成功と言ってよいのではないでしょうか。

社会背景を踏まえ、継続的に情報発信――「喚起」

コミュニティ施策を打ち出している自治体や企業は、ほかにもたくさんあります。しかし、どんなに素晴らしい施策をしていても、注目されずに埋もれているケースが少なくありません。なぜリモート市役所は多くの人に広がり、活用され、多くのメディアに取り上げられたのでしょうか。ここが今回のプロジェクトの大きなポイントであり、社会デザイン発想における「喚起」にあたる部分です。

1つ目のポイントは、社会的な大きな課題をきちんと捉えていたことです。リモート市役所をオープンしたタイミングは、コロナ禍でさまざまな組織がリモートワークを導入した時期でもあり、特に非接触、非対面で情報収集できたり、オンラインで補助金の申請ができたりするサービスは注目されやすかったと思います。

さらに、社会の流れとして地方移住への関心が高かったことも挙げられます。地方では人口減少が加速し、地方創生が喫緊の課題となっていました。さらにはコロナ禍によってますます地方移住への関心が高まり、地方自治体からも都市部に住んでいる方からも大きな注目を集めたのです。

こういった社会的な背景を踏まえたうえでリモート市役所を打ち出したことが、マスメディアに多く取り上げられた大きな理由だったと思います。社会デザイン発想の視点でいえば、**「問い=真に取り組むべき課題」**と**「提唱=理想の社会を構想」**の部分がきちんとメ

ディアに伝わったということです。

2つ目のポイントは、移住者のインサイト（消費者や利用者を動かす隠れた心理や動機）**をきちんと握ったうえで情報発信したこと**です。コミュニティ内で移住希望者や市民の皆さんと綿密なコミュニケーションをとったり、ディスカッションを繰り返したりしたことが、リモート市役所が今も活発なコミュニティとして続く原動力になっています。

3つ目のポイントは、リモート市役所の複業課長のアイコン化。複業課長はデジタル市民の象徴です。最初に就任した方は佐久市に移住したばかりの人であり、子育て中のママであり、本業をお持ちの方でもありましたので、「リモート市役所は、どんな立場の人でも関われるんだ」とわかりやすく示すことができました。複業課長がさまざまなメディアで取り上げられたのは、彼女がアイコンになってくれたからだと思います。

今はもう一歩進めて、先ほど触れたように、2代目の複業課長は佐久市以外の都市に住んでいる方が就任しました。こういったデジタル市民が継続的に情報発信をすることで、リモート市役所の自走化にもつながると考えています。

＝喚起＝ **社会的議論喚起**

市長を旗頭に、メディアに向けて情報を発信。また、新しい住民の象徴として、複業課長をアイコン化した。

メディア視点、ＳＮＳ視点の両方をにらんだ情報設計によって、継続的に話題を喚起した。

ステークホルダーを巻き込むための４つのポイント

このプロジェクトが成功した最大のポイントは、ステークホルダーを巻き込むことができたことだと思います。

近年、さまざまな地方自治体から、「佐久市のような取り組みをやりたい」という問い合わせが私たちのもとに数多く届いています。そこでよく聞くのが、「コミュニティ運用とプロモーションの両方をやる会社を探したが、貴社しか見つからなかった」という声です。

多くの場合、コミュニティ運用とプロモーション業務は別の会社が引き受け、すべての業務を統括する人が現場に足を運んで細かくコミュニケーションをとるわけではありません。そのため最終的に自治体は「このプロモーションは、少しイメージと違う」「このコミュニティは、意図していたものではなかった」という違和感を覚えることがあったそうです。その点を考えると、今回はオズマピーアールが**すべての業務も担当して、佐久市や市民の皆さん、移住希望者の皆さんとコミュニケーションをとり、**何度もディスカッションしながらリモート市役所をつくりあげていったことが、成功につながった理由の1つだと思います。

2つ目の成功の理由は、ステークホルダーに合わせたコミュニケーションをとることです。

例えば、私たちが企画したオンラインイベントには、佐久市長のほか、佐久市出身のベンチャー経営者、地域の有名な医師、子育て系メディアの編集長など、さまざまな方に登壇していただきました。

「KOL（Key Opinion Leader）を巻き込む」と言うのは簡単ですが、実際に彼らに声をかけてみると、目的のギャップという問題が出てきました。皆さんそれぞれ、モチベーションも表現したいことも全く違います。**彼らがメリットに感じることは何か、共感するポイントはどこか、事前に私たちのほうでしっかり考えたうえでオファーしなければなりません。**

私たちが彼らに出演を押しつけるわけではなく、各ＫＯＬがイベントで話したいことと、私たちが話したいことをうまく合致させ合意形成することがポイントです。

3つ目は、高い当事者意識です。特に市役所職員の皆さんの意識が、プロジェクトを進めるにつれてどんどん変わっていったことが印象的でした。初めは、お互いのイメージのすり合わせが難しかったり、共通言語が見つけられなかった中で、お互いに苦労するところも多くありました。最終的には二人三脚と言っても過言ではないほどうまく動けるようになったと感じています。

冒頭でも触れたように、このプロジェクトはプロポーザルによって私たちの提案が採用されて、佐久市に発注していただいたことから始まりました。

しかし、市役所と私たちの関係は、最終的には受発注の関係だけにおさまらなかった。あるときには私たちが市役所の職員たちを引っ張っていったり、またあるときには市役所の職員たちが前のめりになって提案してくださったりして、フェアな関係で共に歩みを進めてきたのです。まさに、同じ事業会社の中で一緒に新事業をやるような感覚でした。**お互いにフェアな関係だったからこそ、率直に意見を言い合い、建設的なディスカッションが**

できたのです。

＊＊＊

このプロジェクトを進めるにあたり、私たちが最も注力したところは、**社会課題をきちんと捉え、新しい社会デザイン＝デジタル市民の在り方を提示したこと**です。

本当に移住を促進する施策、移住者のニーズを捉えた施策とはどんなものか？　シティプロモーションという言葉に捉われず、きちんと中長期にわたって続くような施策にするためにはどうすればいいいか？　これらの課題について長い時間をかけて考え続けたことが、リモート市役所の根幹でした。そこがしっかりしていたからこそ、持続的な取り組みにすることができました。

今、リモート市役所をはじめとするＦＭリモート市役所、Shijulyなどの取り組みは自走しはじめていると言っていいと思います。

図38　社会デザイン設計図(1)【リモート市役所】

課題	▶	人口減と街(市)の認知度の低さ 少子高齢化の中、地方都市は どこも同じ課題、という背景
最適解	▶	住民も住民でない人もオープンに参加できる オンラインコミュニティ
経済的価値	▶	人気移住地ランキング 22位→5位 転入者4,955人増
社会的価値	▶	自分の住んでいる街に 関心69.8% 他自治体からも モデルに

図39　社会デザイン設計図（2）【リモート市役所】

問い

これから人は減っていくのに、自分たちの地域に人が来さえすればいいのか？
（＝どの地方も課題は共通なのに、隣の地域には来なくてもいいのか？）

提唱

人が物理的に来る（住む）だけではない、新しい関わり合いとして、「デジタル住民」という新しい住民のカタチを提唱

巻込

コミュニケーションツールであるSlackを活用し、参加者がオープンに行政に関われるオンラインプラットフォームの仕組みを構築

試住支援サービスShijuly

喚起

市長を旗頭に、メディアに向けて情報を発信

新しい住民の象徴として、複業課長を立てアイコン化（リモート市役所を自走化させる工夫も兼ねて）

第8章

社会デザイン発想とパブリック・リレーションズ

社会デザイン発想は、価値観の異なる人たちと共創するフレーム

パブリック・リレーションズの本質、社会デザイン発想という私たちの提供価値とそのフレーム、そして4つの事例を解説してきました。皆さんが抱えるビジネス課題において解決のヒントとなるものは見つかったでしょうか？

一人ひとりがそれぞれの幸せを求める時代に変わってきている今、「パーパス」がキーワードとなりつつあります。皆さんもご存じのように、企業の社会的な存在価値や社会的意義を意味する言葉です。

本書でも、企業の社会化についてお伝えしてきました。これからは自社の社会的意義を提示できない企業は生き残っていけないと言われています。特に今、若いビジネスパーソンたちは、パーパスを提示していない会社には見向きもしません。生活者も、そういう企業が提供する商品やサービスを選ばなくなってきています。まさに、パーパスは社会全体

から求められる時代になってきているのです。
すると、企業側も社会に向けてコミュニケーションを図ったり、貢献したりする取り組みを重視するようになります。その中で、企業自身が自社のパーパスを提唱すること、公共性と社会性を高めること、社会との関係づくりに注力することが非常に重要になってきています。そんな時代に、私たちの社会デザイン発想は多くのビジネス課題のヒントになるのではないかという想いが、本書を執筆する大きなきっかけとなりました。

社会デザイン発想を別の視点から捉えると、**価値観の異なる人たちを集める発想**と言い換えることができます。他者の価値観を変えるのではなく、それぞれ異なる価値観や思いを持つ人たちが共創するための手法です。

相手を否定したり片方の意見に染めたりするのではなく、お互いが異なる価値観を持ちながらすり合わせて、共通のゴールを見い出して目指していく。ステークホルダーの誰かが「無理に共通のゴールを決められた」「ゴールに向かってやらされている」と不満を抱くことなく、それぞれの意思を引き出して一緒に進んでいく。社会デザイン発想は、ここに至るまでのフレームだと考えています。

最適解の共創に最も必要なのは、「聴く耳」を持つこと

これまで4つの事例を紹介してきましたが、重要な共通点がありました。ここで皆さんに質問です。その共通点とは何でしょうか？

それは、**当事者、社会の人々、そしてステークホルダーの声に根気強く耳を傾けること**です。

私たちの業務にも深く関わっている「広報」という言葉は、「広く報じる」ということだけでなく、「広く聴く」ことも含めて考えられています。広報は報じることのほうが重んじられているケースが多いのですが、本来はむしろ、まずは広く聴くことが大事だと考えられているのです。

情報伝達をする前にみんなの声を聴かなければならないことは、ＰＲの世界でも共通するところです。クライアント、当事者、支援者、ターゲットになる人たち、協力していた

だく事業者、そして社会の人々など、さまざまな立場の人の声に耳を傾けます。ただ、パブリック・リレーションズを生業として従事してきたPRパーソンは、これを先達から仕事の基本のキとしてDNAのように引き継ぎ、あまりにも無意識にやっていますので、今まで明文化されることはほとんどありませんでした。

しかし、このポイントはとても大切なところですので、本書ではこの部分にも触れておきたいと思います。

図40は、社会デザイン発想において、常に聴く耳を持ち、聴いた声を随時取り組みに反映させるスタンスを表したものです。左側がヒアリング、右側が情報発信にあたるプロセスです。

まずは、左下の「**それぞれの立場により異なる、多様な声を聴く耳を持つ**」。ここは想像しやすいかもしれません。クライアントのみならず、クライアントのステークホルダーなどさまざまな人たちの声も聴くというところです。私たちが掲げた大義や新しい「あたりまえ」に共感する人たちだけでなく、反対する人たちも含めて、いろいろな声に耳を傾けることが大切です。

次は、左上の**「未だ顕在化していない本音など、声なき声を聴く耳を持つ」**。ここは、サイレントマジョリティとサイレントマイノリティに注目するということです。

今は誰もが自由に情報発信できる時代になっただけに、アンケートやSNSの投稿では激しい意見が採り上げられて、まるでそれがマジョリティの声であるかのように見られてしまう傾向があります。しかし、当然のことながら声を出していない人たちもたくさんいるし、声を出しても打ち消されてしまう人たちもまたたくさんいます。そんな中で、沈黙を自覚して保っている層だけでなく、まだ気づいていないから声を上げていないものもあるのではないかという視点から、「声なき声」という言葉を使っています。

声なき声のような気づきの提起も含めて、当事者たちはどういう悩みを持っているのか、どのような本音があり、あるいはいかなる欲求があるのか、きちんと耳を傾けることを私たちは大切にしています。

第4章のオノマトペの事例ですと、当事者である患者さんたちに向けたヒアリングでは、「病院に行っても治らないと思ったから、通院を止めてしまった」「この痛みがどんなものなのか自分でもよくわからない」という声が出てきました。ところがその背景には、医師

図40 「聴く耳」を持つことで、
真の共創・共感を実現する

社会デザイン発想の4つの要素を描く円は、可変性を示している。
常に聴く耳を持ち、聴いた声を随時反映する。
最適解の共創には、このスタンスが必要不可欠

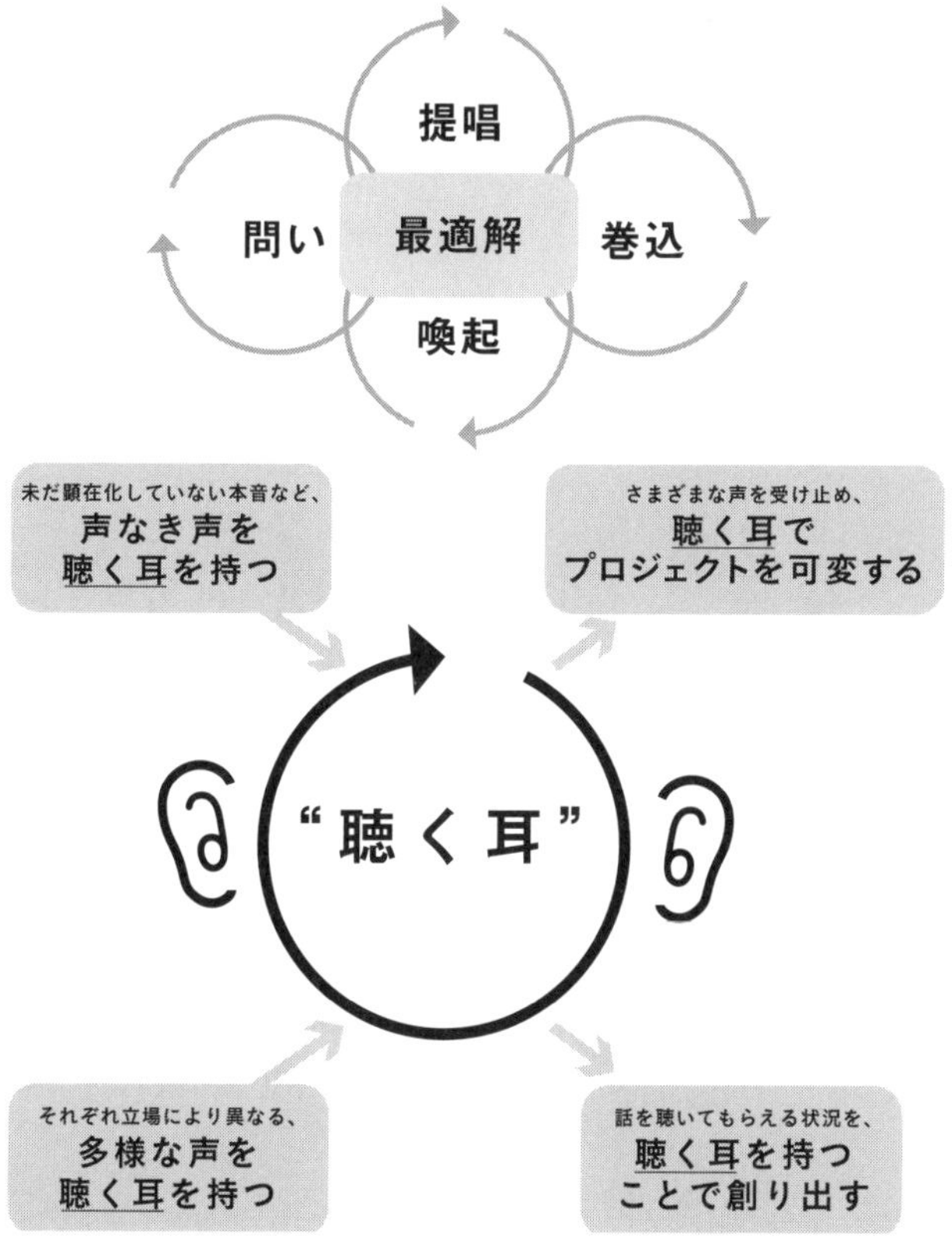

に話をよく聞いてもらえない不満があったり、完全に病前の状態に戻りたいけど、医師から「治療はここまでしかできない」と言われたりという、コミュニケーションのギャップが生まれていました。

当事者の声をそのまま受け取るだけでは、「患者さんは治療に不満足である」という気づきしか得られませんでしたが、表面的な事象を深掘りすることで、まだ見えていない本音、あるいはアンメット・ニーズ（いまだ満たされていない顧客の潜在的な要求や需要）を探し出すことができるのです。ここは、社会デザイン発想を進めるうえで特徴的なポイントだと思います。

続いて、右側の情報発信です。右下の**「話を聴いてもらえる状況を、聴く耳を持つことで創り出す」**は、わかりやすい部分だと思います。同じメッセージを伝えるとしても、情報の受け手が持つ課題と重ねたメッセージをつくるようにします。例えば、ある食品を健康意識の高い人たちに知っていただくためには、「おいしいですよ」と伝えるよりも、「健康にいいですよ」と伝えたほうが、聞いてもらえる確率が上がります。情報の受け手に関心を持ってもらえるように、メッセージを整理して発信するのです。

社会デザイン発想において特に重要なポイントとなるのは、右上の**「さまざまな声を受**

け止め、聴く耳によってプロジェクトを可変する」の部分です。一般的にプロジェクトは、課題やゴールが「こうだろう」「こうしよう」と仮説を立てて進めるものであり、PR会社にとっては、クライアントに提案した後で内容を変更することは自分たちの仮説が誤りであったと認めることにもなります。ところがリサーチしたりプロジェクトを進めたりしていく中で、当事者の声がだんだん見えてきて、方針を変えたほうがいいのではないかと思うようになってしまったら、皆さんならどうしますか？　もちろん、途中でプロジェクトの内容を変更するのは、すごく勇気が要ることです。クライアントからすると、「この提案がいいと思って採用したのに、なぜ途中から変えるのか」と思われてしまいますし、自社にとっても「私たちの仮説が少し間違っていました」と伝えるのは格好がつかないことでもあります。

しかし、パブリック・リレーションズの考え方からすると、「自分たちがこう思ったから」「自分たちが格好つかないから」ではなく、**世の中の声をちゃんと受け止めたなら、勇気を持って行動や方針を変えていかなければならない**と考えています。それができて初めて、真の「聴く耳」があると言えるのではないでしょうか。

図を見ながら、聴く耳の4つの要素について説明してきました。特に上の2つ、「いまだ顕在化していない本音など、声なき声を聴く耳」と「さまざまな声を受け止め、聴く耳によってプロジェクトは可変である」が、社会デザイン発想の中でも大きな特徴だと思います。

さらに図40をよく見ると、中央の丸い矢印が閉じずにぐるぐる回っていますよね。聴く耳の4つの要素は、この順序で一筆書きのように着実に進めていけば完成するように見えてしまうかもしれませんが、実は違うのです。この矢印のように、途中で変わったり、場合によっては次のステップに進んでから一度戻ることもあります。

これは聴く耳だけではなく、社会デザイン発想の4要素「問い」「提唱」「巻込」「喚起」にも言えることです。社会デザイン発想に基づいてプロジェクトを進めるとき、初期の段階からゴールイメージは持っているのですが、やっていくうちに新しいことがわかったり、社会自体もどんどん変化していったりします。**ここで「最初にゴールを決めたから」と固執せず、途中で変更したり後戻りしたりする。柔軟に進めなければ、最適解にたどり着くことは難しい**と思います。

社会デザイン発想は、最短距離でゴールに到達する発想法ではありません。変化が著しいこの時代に、正解のない答えを探し出すためのメソッドです。「聴く耳」を通して、自社やステークホルダーのみならず社会にとっての最適解をつくりだしていきますから、柔軟性や可変性を内包したフィロソフィーだということを私たちは提唱していきたいと思います。

正解のない答え探しは楽しい

最後に私たちが皆さんにお伝えしたいのは、**正解のない答え探しは楽しい**ということです。

今、多くの人たち、特に若い人たちは、人との付き合いや学校・職場でのふるまいにおいて、自分の答えが間違っていないかをとても気にしているように見えます。ある種の強迫観念を抱いている人もいるかもしれません。企業や地方自治体などの組織も同様です。これまでやっていたことがもはや正解ではないと言われても、それでは何が正解なのか示してくれる人もおらず、悩んでいることが多いのではないでしょうか。

でも、そんなものは考えただけではわからない。実際に動いてみないと、絶対にわからないんです。

見通しが立たない中で答えを探すことは、怖いと感じる人もたくさんいます。でも、少し考えてみてください。決まった正解に向かってまっすぐ進むことは、楽しいでしょうか？もちろん、最初に正解にたどり着いた人は楽しいかもしれませんが、全員が足の速いスプリンターではありません。でも、それぞれがそれぞれの正解を探せるようになれば、スピードが遅くとも、その道のり自体を楽しめるようになるのではないかと思います。

ＰＲというビジネスは設備投資がそれほど必要ではないので、参入障壁が低く、さまざまな人たちがＰＲ業界に入ってきています。その流れの中で、ＰＲを販促や広報のツールのように捉えてテクニックの側面を強調してアピールしている人や会社も存在します。

もちろん、そういう部分も大切ですので、私たちも技術やノウハウは常に意識していま す。でも、もっと重要なことは、そういうちょっとした改善アイデアではありません。ＰＲ活動において最も大切なのは、**パブリック・リレーションズの本質であり、人と人、人と社会との関係性を創ること**だと考えています。

クライアントとの関係性、社内の関係性、協力してくれる事業者との関係性、顧客との関係性、社会との関係性、あらゆる関係性、まさにリレーションズの「質」に着目しアプローチすることが非常に大切です。この関係性の質とは、**立場が違っても同じ大義が持てる関係性、お互いにエンパシーを感じられる関係性かどうかということ**です。

テクニックはあっという間に陳腐化します。対症療法的なPRを使えば、一時的には課題解決に至りますが、本質的な課題解決にはつながりません。本質的な課題解決には、ステークホルダーとの関係性を変えていくことが必要不可欠です。

「ステークホルダーとそんな関係性を築くことは難しいのではないか」と思われる人もいらっしゃるかもしれません。もちろん、その通りです。でも、試行錯誤をしながら関係性を構築していくことは、大変だけど楽しくて、幸せなことだと私たちは感じています。みんなで最適解を探すプロセスは、本当に豊かな経験ではないでしょうか。

PRというビジネスの面白さは、まさにこの点だと思います。プライベートでは知り合わないような人たち、普段関わらない人たちと出会って、関係性を構築していく。もちろん、意見や意識が合わない人もたくさんいます。話し合いがスムーズにいかないことも少なくありません。でも、その中で少しずつ相互理解を深め、みんなで最適解をつくりだしていく。この過程を苦しむのではなく、楽しみながら進めてみていただきたいのです。振り返ると、この共通体験そのものが、大きな価値だと感じられると思います。

社会デザイン発想を通じて、答え探しの楽しさを感じてもらえれば、これに勝る喜びはありません。大きく変化し、閉塞感が続く難しいこの時代も、新しい豊かな社会をつくりだすチャンスだと思えるはずです。

あとがき

早稲田大学商学学術院 教授　嶋村 和恵

本書は、ＰＲ、広告の実務で豊富な経験と知識をもつ榑林佐和子さん、林直樹さんによって執筆されました。お二人の所属する株式会社オズマピーアールは1963年に創業し、今年60周年を迎える総合ＰＲ会社です。日本におけるパブリック・リレーションズの草分け的な存在といえる同社は、２０１１年に博報堂グループに参画し、活動領域をさらに大きくしています。

同社は２０１９年度から、早稲田大学商学部に「未来を創るＰＲの力」という提携講座を提供してくれています。開講の翌年からの3年間は、新型コロナウイルス感染拡大のため、大学の他の授業同様オンラインによる講義になってしまいましたが、本年は久しぶりに対面での講座となりました。商学部には数多くの寄附講座・提携講座等があります。中でもこの「未来を創るＰＲの力」は、毎年３００名以上の学生が履修する人気のある講座で、他学部からの受講者も多数います。

商学部にはＰＲと名のつく講座は他になく、学生は高い関心をもっています。なんとなくＰＲという言葉は聞いたことがあるという学生に、ＰＲとは一体何なのか、最近のＰＲ活動はどのように考えられ実践されているのかを伝え、いろいろ考えさせる講座になっています。私はこの講座のコーディネータを5年間務めていますが、いつも受講生の熱気を感じます。講座の内容を伝える本があったらといいのにと、受講生も考えていたことと思いますが、ようやく本書でその一部が明らかになったということもできます。

本書は8つの章から構成されています。理論編ともいえる第1章から3章までは、誤解されがちだったパブリック・リレーションズの本質とは何か、21世紀になってパブリック・リレーションズの考え方に注目が集まっている理由、そして、クライアント企業への最適解を提案するための「社会デザイン発想」というオズマピーアール独自のフレームを説明しています。

第4章から7章までは実践編で、同社が取り組んだ4つのプロジェクト事例の詳細なレポートです。医療現場での患者と医師のコミュニケーションに日本語の特性を活用してアプローチした秀逸な事例、住民のニーズから発想し、住民との共創で古くなった団地を暮らしやすい場所に変えていった事例、ただの廃材と考えられていたものを効果的に再利用して、循環型社会への貢献をも進めた事例、地方移住者と移住地域とのコミュニケーションを円滑化した事例などが読みやすく語られています。

そしてまとめとなる第8章では、簡単には見つからない正解を求めて、今の段階での最適解を求めて努力することの楽しさを「社会デザイン発想」に重ねて訴えています。

半世紀ほど前、私が大学受験を控えた高校生だった頃の話です。当時の受験生が英単語を勉強するときによく使っていた『試験に出る英単語』という本の中で、propaganda（宣伝）という言葉に、「最初の2文字、ＰＲと覚えなさい」と書いてありました。

そのときは、ああそうか、と思ったものの、大学で商学部に入学し、広告論やマーケティング論を勉強する内に、propagandaとＰＲはまったく違うものだったのには驚きました。ＰＲについての誤解は、もしかしたらこのようなところから出ていたのかもしれません。学生が就職活動などでよく言われる「自己ＰＲ」といった言葉も、ＰＲの誤解に拍車を掛けているようです。本書がまずＰＲという言葉の誤解を解くところからスタートしているのは大きな意味があります。

「社会デザイン発想」も興味深いものです。企業活動に、より一層の社会化が求められるようになった現在、経済的価値と社会的価値が重なる新しい「あたりまえ」を探し出し、社会に浸透させていく仕組みとなる「最適解」を打ち出す「社会デザイン発想」は、「問い」「提唱」「巻込」「喚起」という4つの要素からなっています。

組織やブランドがもつ課題に対し、社会潮流、一人ひとりの声、世の中の動きや反響など社会と人の心の変化の兆しを発見して真に取り組むべき課題を社会に投げかける「問い」

その問いに対して、組織やブランドだけでなく、社会の多数が「ともに目指したい」と思える

答えを設計する「提唱」

提唱で構想した新しい「あたりまえ〟」を実際に社会に伝えるために、世の中に問い掛ける仲間を見つけて、巻き込んでいく仕組みをつくる「巻込」

情報を受け取った人々の内側から感情が沸き上がり、議論や関心や巻き起こし、自分ゴトとして意識や行動が変わって浸透していく「喚起」

社会デザイン発想はこの「問い」「提唱」「巻込」「喚起」という4つの要素を組み合わせて最適解を共創していくこととされ、具体的な事例もこれに基づいて丁寧に解説されています。

そして最適解の共創のためにもっとも重要なこととして、傾聴する「聴く耳」をもつことがあげられています。クライアント、当事者、支援者、ターゲットになる人たち、協力してくれる事業者、社会一般の人々など、さまざまな立場の人の声に耳を傾けることがPRパーソンの基本中の基本ともしています。成功したプロジェクト事例の裏には、着実に人々の声を聞き、課題を洗い出し、ときには勇気を持って行動や方針を変えていくという努力が隠されていることでしょう。

「正解のない答え探しは楽しい」という著者からの問題提起があります。長年、大学での教育に携わっていて、若い人たちの意識の変化を強く感じます。中学生、高校生の時からSDGsをはじめとしたサステナビリティなどの教育を受けていることもあり、今の大学生は社会貢献活動に関心が高く、就職する際には社会に貢献する仕事をしたい、あるいは社会に貢献している企業に入りたいというような希望をもつようです。

一方で、ネット社会に流通する情報の量は膨大で、情報の真偽や本質を掴むことが難しくなっています。さらにSNSの発達で、もともと自己肯定欲求が強い若い人たちが、他人からの賞賛や批判に極端に敏感になってしまった感もあります。その結果、人との付き合いや学校でのふるまいにおいて、自分の答えが間違っていないかととても気にしている若い人は少なくありません。このような人たちに対しても「正解のない答え探しは楽しい」という言葉をぜひ伝えてあげたいと思います。ただ1つの正解を求めてショートカットでたどり着こうとせず、いろいろ迷って考えていく習慣を身につけてもらいたいと思います。

本書では「広告は答えをつくる。PRは問いを投げる」と説明されています。「広告は生活者にとって必要な情報を正しく、効果的に伝えることで、社会を豊かにする。PRは、社会に問いを投げかけ、社会とともに答えをつくり、社会を豊かにする」という独自の捉え方に、広告研究者としてとくに注目します。どちらの方法が正しいということはありませんが、本書の内容を勉強していくと、これからの社会において、広告もPR化、問いかけ化が増えてくるように思えてきます。

本書を通して、これからの人と社会、企業、組織とのコミュニケーションのあるべき姿を探っていただきたいと思います。幅広い読者にご高覧いただければ光栄です。

執筆協力者

一ノ瀬寿人　岩垂晋　近江芳宏　加藤雄一　久保田敦　蔵本貴宏　杉山太一
髙田太郎　谷澤和哉　丹場大輔　登坂泰斗　蜷川昭文　野村康史郎　濱地徹
浜永裕也　早藤優樹　三樹祐司　吉田真佐浩

参考文献

- スコット・M・カトリップ、アレン・H・センター、グレン・M・ブルーム　日本広報学会監修（2008）『体系パブリック・リレーションズ』（ピアソン・エデュケーション）
- 井之上喬（2015）『パブリック リレーションズ　第2版』（日本評論社）
- 関谷直也、薗部靖史、北見幸一、伊吹勇亮、川北眞紀子（2022）『広報・PR論 パブリック・リレーションズの理論と実際 改訂版』（有斐閣）
- 河炅珍（2017）『パブリック・リレーションズの歴史社会学　アメリカと日本における〈企業自我〉の構築』（岩波書店）
- スチュアート・ユーウェン　平野秀秋、左古輝人、挟本佳代訳（2003）『PR！世論操作の社会史』（法政大学出版）
- 猪狩誠也編　経済広報センター監修（1998）『企業の発展と広報戦略』（日経BP企画）
- 猪狩誠也、上野征洋、剣持隆、清水正道、城義紀（2002）『コーポレート・コミュニケーション戦略』（同友館）
- 猪狩誠也編著（2011）『日本の広報・PR-満鉄からCSRまで-』（同友館）
- 日本広報学会広報史研究会（2008）『2007年度研究報告書　日本の広報・PR史研究』（日本広報学会）
- 嶋浩一郎、松井剛（2017）『欲望する「ことば」社会記号とマーケティング』（集英社）
- 矢島尚（2006）『PR会社の時代 メディア活用のプロフェッショナル』（東洋経済新報社）
- 河西仁（2016）『アイビー・リー-世界初の広報・PR業務-』（同友館）
- 公益社団法人日本パブリック・リレーションズ協会ホームページ https://prsj.or.jp/about/koryo/
- 井之上ブログ　パブリック・リレーションズ（PR）の世界にようこそ https://inoueblog.com/

世の中の最適解を共に考える「問い」を立てる力

発行日　2023年8月25日　第1刷

Author　榑林佐和子　林直樹　株式会社オズマピーアール

Book Designer　山之口正和（OKIKATA）　装丁デザイン
小林祐司　本文デザイン＋図版制作＋DTP

Publication　発行　ディスカヴァー・ビジネスパブリッシング
発売　株式会社ディスカヴァー・トゥエンティワン
〒102-0093　東京都千代田区平河町2-16-1 平河町森タワー11F
TEL　03-3237-8321（代表）03-3237-8345（営業）／FAX　03-3237-8323
https://d21.co.jp/

Publisher　谷口奈緒美
Editor　千葉正幸　（編集協力：森脇早絵）

Marketing Solution Company
飯田智樹　蛯原昇　古矢薫　山中麻吏　佐藤昌幸　青木翔平　小田木もも　工藤奈津子　佐藤淳基
野村美紀　松ノ下直輝　八木眸　鈴木雄大　藤井多穂子　伊藤香　小山怜那　鈴木洋子

Digital Publishing Company
小田孝文　大山聡子　川島理　藤田浩芳　大竹朝子　中島俊平　早水真吾　三谷祐一　小関勝則　千葉正幸
原典宏　青木涼馬　阿知波淳平　磯部隆　伊東佑真　榎本明日香　王廳　大﨑双葉　大田原恵美　近江花渚
佐藤サラ圭　志摩麻衣　庄司知世　杉田彰子　仙田彩歌　副島杏南　滝口景太郎　舘瑞恵　田山礼真
津野主揮　中西花　西川なつか　野﨑竜海　野中保奈美　野村美空　橋本莉奈　林秀樹　廣内悠理
星野悠果　牧野類　宮田有利子　三輪真也　村尾純司　元木優子　安永姫菜　山田諭志　小石亜季
古川菜津子　坂田哲彦　高原未来子　中澤泰宏　浅野目七重　石橋佐知子　井澤徳子　伊藤由美　蛯原華恵
葛目美枝子　金野美穂　千葉潤子　西村亜希子　畑野衣見　藤井かおり　町田加奈子　宮崎陽子　青木聡子
新井英里　石田麻梨子　岩田絵美　恵藤奏恵　大原花桜里　蠣﨑浩矢　神日登美　近藤恵理　塩川栞那
繁田かおり　末永敦大　時田明子　時任炎　中谷夕香　長谷川かの子　服部剛　米盛さゆり

TECH Company
大星多聞　森谷真一　馮東平　宇賀神実　小野航平　林秀規　斎藤悠人　福田章平

Headquarters
塩川和真　井筒浩　井上竜之介　奥田千晶　久保裕子　田中亜紀
福永友紀　池田望　齋藤朋子　俵敬子　宮下祥子　丸山香織

Proofreader　株式会社T&K
Printing　日経印刷株式会社

ISBN978-4-910286-35-8　YONONAKA NO SAITEKIKAI WO TOMONI KANGAERU TOI WO TATERU CHIKARA